Ingresos Pasivos y Mercadeo en Red Para Principiantes

Aprenda ideas y estrategias para ganar dinero en línea: ¡blogs, dropshipping y marketing de afiliación! Una guía completa para construir un negocio exitoso de mercadeo en red / multinivel (MLM).

Por Leonardo Gómez

"Ingresos Pasivos y Mercadeo en Red Para Principiantes: Aprenda ideas y estrategias para ganar dinero en línea: ¡blogs, dropshipping y marketing de afiliación! Una guía completa para construir un negocio exitoso de mercadeo en red/multinivel (MLM)". "Por Leonardo Gómez".

Ingresos Pasivos y Mercadeo en Red Para Principiantes" es un conjunto de libros "La Guía de Ingresos Pasivos para la Libertad Financiera", y "Red y Marketing Multi-Nivel Pro".

¡Espero que lo disfrutes!

La Guía de Ingresos Pasivos para la Libertad Financiera

Ideas y estrategias para ganar dinero en línea a través de múltiples fuentes de ingresos: marketing de afiliación, blogs, dropshipping, marketing en red y medios sociales.

Por Leonardo Gómez

Tabla de Contenido

Introducción: ¿Qué es Exactamente la Mentalidad de Ingreso Pasivo?

Hay un rumor sobre los ingresos pasivos a nuestro alrededor. Dondequiera que vayas, los expertos financieros y los gurús de la creación de riqueza hablan de aprovechar el poder de los ingresos pasivos. ¿Qué es esta renta pasiva y por qué todo el mundo se centra en la creación de múltiples canales y fuentes de ingresos pasivos? Para eso, primero, haz una revisión de la realidad y responde algunas preguntas.

¿Eres un transportista de cubetas o un constructor de tuberías? Los portadores de cubetas trabajan duro de 9 a 5 y llevan cubetas de agua (dinero) a casa. El agua sigue llegando mientras salen, trabajan durante un cierto número de horas y llevan las cubetas a casa.

Sin embargo, hay algunos constructores de tuberías inteligentes. En lugar de llevar cubetas cada día, construyen una tubería de agua para que el agua siga llegando a ellos incluso cuando no salen a llevar cubetas. En los trabajos y negocios tradicionales, se requiere invertir una "x" cantidad de tiempo y esfuerzo para que se les pague a cambio de ello. Sin embargo, los constructores de tuberías trabajan sólo una vez para crear su tubería y disfrutar de un suministro de agua inagotable mientras estén vivos.

Esto es exactamente de lo que se trata el ingreso pasivo. No se trata de intercambiar una cantidad fija de tiempo por un ingreso fijo. Se trata de crear corrientes de riqueza que siguen trabajando para ti mucho después de que hayas dejado de trabajar. Mientras que los transportistas de cubetas trabajan duro por su dinero, los constructores de tuberías pueden que su dinero trabaje duro para ellos.

¿Has notado alguna vez cómo algunas personas tienen todo el tiempo del mundo, pero no tienen dinero para disfrutarlo (probablemente no están trabajando) mientras que otras tienen todo el dinero del mundo, pero no tienen tiempo para disfrutarlo (están intercambiando su tiempo a cambio de todo el dinero)? La verdadera libertad financiera implica tener todo el dinero del mundo junto con todo el tiempo para disfrutarlo, lo cual sólo es posible cuando se crean fuentes fiables de ingresos pasivos que siguen generando dinero incluso mientras se duerme.

Piensa en esto – tienes una bolsa de semillas. Hay algunas cosas que puedes hacer con ellas. Haz un bocadillo crujiente y saludable con ellas y sírvelas o plántalas. En lugar de comer las semillas inmediatamente, plántalas. Una vez sembradas, las nutres regándolas, protegiéndolas de las plagas y usando fertilizantes de alta calidad. No hay resultados notables inicialmente. Te preguntas si el tiempo, el esfuerzo y el dinero invertido en nutrir estas semillas vale la pena. A pesar de que se les da el cuidado necesario, simplemente lo toman todo y se vuelven invisibles. Sin embargo, usted continúa nutriéndolas por varios días que se convierten en semanas. Entonces ocurre el milagro. Una pequeña planta de semillero aparece. Cuando eres testigo de esto, te sientes motivado a seguir adelante. Te das cuenta de que, si continúas alimentando y regando las semillas, crecerán de forma gradual pero definitiva. Puede tomar varios meses o años. Sin embargo, gradualmente la pequeña y aparentemente insignificante semilla toma la forma de un árbol frutal.

Incluso antes de que te des cuenta, el árbol está lleno de muchas frutas deliciosas. Ahora, en lugar de comer las semillas, tu familia puede darse un festín con los frutos del próspero árbol. Ahora, siembras más semillas que las que obtienes de los frutos. El proceso continúa hasta que hayas construido un enorme huerto de árboles frutales, que es más que suficiente para que te dure toda la vida.

Esta es la mentalidad de ingresos pasivos. En lugar de gastar dinero por el momento, lo usas para crear riqueza para el futuro. La riqueza que es capaz de dar a tu familia libertad financiera.

Construir un ingreso pasivo se trata de apalancar tus esfuerzos, tiempo y habilidades para hacer un ingreso consistente de él. Por ejemplo, asumamos que usted pasa 60 horas conceptualizando, investigando, escribiendo y comercializando un libro electrónico. Haces todo esto una vez y sigues ganando un porcentaje del precio de venta como regalías cada vez que el libro se vende durante varios años. A diferencia de los trabajos y negocios tradicionales, los ingresos no son proporcionales al tiempo y esfuerzo invertidos. Tiene el potencial de hacerte mucho más de lo que has invertido.

Así que incluso si trabajas durante 60 horas, tu potencial de ingresos es ilimitado. Puedes ganar 600$, 600$ o incluso 6.000$ del libro porque no estás cambiando una cantidad fija de tiempo por una cantidad fija de dinero. Los ingresos se basan en el número de copias que consigues vender por un producto que gastas tiempo y energía creando sólo una vez. En lugar de intercambiar una cantidad fija de tiempo por riqueza que es igual a esas horas, estás aprovechando inteligentemente tu tiempo y energía intercambiando las horas fijas por ingresos que pueden durar toda la vida.

El tiempo es el bien más valioso de todos. Una vez perdido, no se puede recuperar nunca. ¿Está dispuesto a intercambiar tiempo por dinero? ¿Quieres encerrar tu tiempo para ganar dinero a cambio de él? Cada vez que quieras ganar dinero, tendrás que cambiar el tiempo por su valioso, precioso y limitado tiempo. ¿No querrías disfrutar de tu tiempo mientras construyes flujos de ingresos que ofrezcan el potencial de una riqueza ilimitada trabajando por un período de tiempo limitado? Si es así, ya es hora de que dejes de llevar cubetas y empieces a construir una tubería.

Capítulo Uno: Hacer una Matanza con la Auto-Publicación

La auto-publicación es una de las formas más lucrativas de ganar un ingreso pasivo. Todo lo que necesitas hacer es crear un producto una vez y seguir ganando con él cada vez que alguien lo compre. Aunque Internet está repleto de múltiples plataformas de auto-publicación, Amazon Kindle probablemente ofrece la mejor plataforma de auto-publicación con su amplio alcance y popularidad entre los lectores de libros electrónicos. Ofrece una plataforma fácil de usar, potencialmente gratificante y rentable para cualquier aspirante a autor o empresario de Internet que busque generar ingresos pasivos a través de sus libros. Los libros electrónicos venden mucho más que los libros físicos en Amazon, lo que debería ser un indicio de cómo ha revolucionado el dominio de la auto-publicación en línea.

Lo mejor de todo esto es que ni siquiera hay que ser un escritor o una personalidad conocida para triunfar en Kindle. Todo lo que necesitas hacer es seguir las pautas de Amazon y crear tu propio imperio rentable de publicación de libros electrónicos.

A continuación, le ofrecemos una guía práctica paso a paso para construir un negocio de auto-publicación virtual rentable, gratificante y satisfactorio en Kindle de Amazon.

1. Identificar un nicho popular y rentable

Esto es cierto para cualquier negocio de contenido virtual. Encuentra un punto medio entre un tema donde no hay mucha competencia y uno con una demanda considerable. Si ves un gran número de libros escritos por "expertos" o "autoridades" en un dominio particular, aléjate de él. Del mismo modo, evita los nichos que ya están llenos de demasiados títulos. Busque subnichos dentro de nichos más amplios.

Por ejemplo, si encuentra demasiados libros sobre "cómo disfrutar de un matrimonio o una relación feliz", puede reducirlo a "cómo comunicarse más eficazmente con su cónyuge/pareja" o "cómo saber si su cónyuge/pareja lo está engañando" o "cómo lidiar con la infidelidad de un cónyuge/pareja" o "cómo reconstruir la confianza después de la aventura de su cónyuge/pareja" y otros subnichos o temas similares. Entiendes la idea, ¿verdad? Enfócate en algunos aspectos del nicho más amplio y luego amplíalo. Esto diferencia su libro del resto (especialmente las toneladas de libros sobre matrimonios felices en el ejemplo anterior) y también le da una audiencia más enfocada (en el caso anterior probablemente alguien que está lidiando con el adulterio en su matrimonio). Elija un tema más enfocado y específico si encuentra que el mercado de Kindle ya está lleno de su nicho. Créeme, todavía hay muchos nichos y subnichos que aprovechar y explorar, lo que lo hace tan estimulante.

Uno de los mejores consejos para crear temas de éxito es identificar los problemas desesperados a los que se enfrenta la gente de su entorno. Crear libros que resuelvan estos problemas desesperados. Puede ir desde deshacerse de la adicción al alcohol hasta controlar la ira, pasando por superar el mal crédito o ayudar en el divorcio. Hay un montón de problemas para los que la gente busca soluciones rápidas y efectivas (pregúntale a alguien que tiene acné o una infección por hongos cuánto desea curarla). Llene estos vacíos creando un libro electrónico a su alrededor. Los libros relacionados con los hobbies también funcionan bien en Kindle.

La categoría de ficción también está aumentando rápidamente en Kindle de Amazon, aunque la no ficción sigue en cabeza. Si eres un escritor con una inclinación más creativa o puedes contratar a alguien para que escriba por ti, crea una serie de ficción mediante una lluvia de ideas sobre tramas, temas, géneros, historias y personajes. Teje una historia atractiva alrededor de un tema popular o contrata a un escritor fantasma para que la cree por ti.

2. Investigue la demanda y el potencial de su tema/nicho

Si planeas escribir un libro que se vende como pan caliente en Kindle, es mejor que conozcas su potencial de beneficios antes de empezar. Muchos nuevos autores y empresarios de libros electrónicos crean libros apasionadamente y luego se preguntan por qué sus libros no tienen compradores. La mayoría de las veces, eligen libros que no tienen mucha demanda.

Comience su investigación escribiendo la palabra clave principal de su libro en la barra de búsqueda. Asegúrate de que el filtro "Todo" se cambie sólo a "Tienda Kindle". Aparecerá una lista de recomendaciones en el menú desplegable. Estos son los términos y frases que los lectores utilizan cuando buscan títulos en el mercado de Kindle, lo que debería darle pistas importantes sobre lo que exactamente buscan sus lectores objetivo. Esto le dirá si hay suficiente demanda de su tema para crear un libro sobre el mismo.

También puede mirar el número de libros que compiten entre sí mientras escribe una palabra clave para ayudar a determinar la competencia en las categorías y subcategorías. Por ejemplo, un tema como "Curar el acné" podría tener un millón de libros dedicados a él, considerando la enorme demanda. Sin embargo, si se reduce a "curar el acné con ingredientes disponibles en su cocina", tendrá menos competidores. Probablemente será más fácil clasificar el libro dentro de un subtema dentro de la opción de búsqueda. Cada vez que un lector que busca remedios naturales para el acné busca libros relacionados con el subtema, tu libro aparecerá. Si simplemente escribes un libro más amplio sobre remedios para el acné, probablemente quedará oculto bajo una tonelada de otros libros.

Busque los libros más vendidos dentro de una categoría o subcategoría. ¿Cuáles son las cosas que funcionan para ellos? ¿Han dejado vacíos importantes que usted puede llenar? ¿Puedes hacer algo para superarles en su clasificación? Revisa la portada del libro, el título y el subtítulo, el coste, la descripción (muy importante), las reseñas, la tabla de contenidos y las páginas de vista previa (puedes verlas en algunos libros), y el ranking. Digamos que un libro tiene más de 60 reseñas y que es un autor de primera categoría o subcategoría, puede ser difícil de superar. Ya se ha establecido como un producto estrella, y a menos que puedas encontrar un camino de respiración que no haya sido cubierto por el libro, es mejor ir con otro tema o nicho.

3. Crear una impresionante y relevante portada de libro electrónico

Desafortunadamente, el adagio "no juzgues un libro por su portada" no funciona en Kindle. Los libros a menudo se recogen sólo por su portada y descripción, en ausencia de cualquier otra información sobre su contenido. Las portadas de los libros electrónicos son probablemente uno de los mayores factores que afectan a las decisiones de compra de la gente. Haga que su portada sea relevante, llamativa y atractiva. Deje que hable a sus lectores, y transmita la esencia de su libro.

Puedes crear la portada tú mismo usando un software como Photoshop (o algo similar) si tienes una inclinación estética o gráfica. Si no, puedes subcontratar la tarea a un diseñador gráfico profesional en plataformas como Fiverr o Upwork. Revise sus calificaciones y trabajos previos si es posible antes de contratar a un diseñador gráfico para hacer su libro electrónico.

4. Escriba el libro

Ahora que todo lo demás está en su sitio, tendrás que ponerte a trabajar. Escriba el libro electrónico usted mismo o contrate a un escritor fantasma profesional para que haga el trabajo por usted por una tarifa, conservando todos los derechos de su libro como autor/creador. Crear un libro electrónico no es tan intimidante ni lleva tanto tiempo como parece. Por ejemplo, un libro que se vende al por menor por menos de $3 puede ser una creación de 30 a 50 páginas. Concéntrese en crear títulos de alta calidad que asombren a los lectores con valor, en lugar de una basura de más de 100 páginas que nadie aprecia. Mientras el libro sea capaz de ofrecer soluciones claras y una fuerte propuesta de valor, los lectores no se preocupan por el número de páginas.

Los libros de baja calidad dañarán sus calificaciones, críticas, rango, y eventualmente su reputación como autor. Cree una reputación creíble y autorizada como escritor si desea obtener un ingreso estable como auto editor en Amazon Kindle. Céntrate en obtener críticas positivas ofreciendo un valor sólido y real a tus lectores. Asegúrate de cumplir las directrices de formato de Amazon Kindle antes de publicar el libro.

5. Publícalo.

Una vez que hayas seguido todas las pautas de formato dadas por Amazon, haz una cuenta KDP (Kindle Direct Publishing). Busca la opción "Estantería". Haz clic en "Añadir nuevo título" y ve paso a paso según las instrucciones mencionadas.

Rellena los detalles como el título, la descripción, el nombre del autor y haz clic en el acceso a la siguiente página. Añada las categorías, subcategorías y palabras clave apropiadas para facilitar el acceso de los lectores a su libro. Autentifique sus derechos de publicación. A continuación, suba la portada del libro junto con su archivo de contenido. Hay instrucciones simples y directas para subir su archivo, que pueden ser seguidas incluso por principiantes.

Una de las áreas en las que he identificado una clara laguna (y que es un atributo extremadamente crucial) son las descripciones de los libros. Muchos autores escriben libros que asombran, pero pasan por alto la creación de una descripción impactante. Asegúrate de dedicar tiempo y esfuerzo a pulir tu descripción y ten en cuenta que el libro debe ser tan asombroso como la descripción dice que es o acabarás con muchas críticas.

Algunos autores o empresarios editoriales que no quieren revelar su identidad escriben/publican libros bajo un seudónimo.

Como autor de publicación directa, tendrás que elegir tu opción de regalías y territorio de publicación. Puedes elegir el precio de venta de tu libro, junto con establecer las preferencias de regalías. Si el precio de su libro se establece por debajo de $9,99, puede obtener el 70% de los derechos de autor. Además, si el libro es inferior a 3 megabytes, el precio más bajo para venderlo para ganar un 35% de regalías es de $0,99, mientras que el más alto es de $200. Para los libros de 3 a 10 megabytes y más de 10 megabytes, el precio mínimo para ganar un 35% de regalías es de $1.99 y $2.99 respectivamente.

Puede empezar poniendo un precio a sus libros electrónicos de $0,99 con una preferencia de 35% de regalías para obtener algunas críticas tempranas que ayuden a clasificar su libro. Una vez que consiga algunas críticas favorables y clasifique bien las palabras clave principales, aumente el precio a $2,99 y siga con el plan de regalías del 70%.

6. Domina el ejercicio de revisión

Déjame preguntarte algo. ¿Cómo decides si quieres comprar algo en línea sin saber mucho sobre el producto o servicio? Buscas la validación de tus decisiones de compra en base a la experiencia de otros usuarios con él. Si un libro ha obtenido constantemente bajas calificaciones, como lector es menos probable que lo compre. Las críticas cambian el juego cuando se trata de determinar el destino de su libro.

Revise cuidadosamente las Guías de Reseñas de Amazon para entender cómo funciona el proceso. Una forma de conseguir muchas reseñas es distribuir virtualmente copias gratuitas a personas influyentes o autoridades dentro de su industria o dominio y solicitarles que escriban reseñas. Busque a estos líderes de pensamiento y personas influyentes en foros, comunidades dedicadas, grupos de intercambio de reseñas de libros electrónicos y canales de medios sociales. Existen varios grupos y comunidades en Facebook y otros canales donde los autores intercambian libros por reseñas.

Manténgase alejado de las reseñas falsas y pagadas. Asegúrese de crear libros electrónicos de alta calidad que animen a la gente a dejar atrás críticas halagadoras en lugar de esperar que alaben falsamente un libro malo. Los influenciadores y los líderes de pensamiento en especial ofrecerán críticas imparciales. Si tiene la intención de permanecer en el negocio por mucho tiempo, es en su mejor interés crear títulos valiosos y de alta calidad.

7. Cazar con la promoción y las estrategias de marketing adecuadas

Hay varias maneras de comercializar su libro en varias plataformas a través de la web, lo que sólo necesita una cierta cantidad de pensamiento fuera de la caja. Regístrese en el programa KDP Select para ganar más dinero en la biblioteca líder de Kindle Reader. También hay otros beneficios como promociones y ofertas complementarias. Para formar parte del programa Select, su libro tiene que ser publicado exclusivamente en la plataforma de Kindle por un periodo de 90 días. Esta estrategia puede ayudar a que el libro se clasifique más rápido y eventualmente conseguir un mayor número de ventas. Asegúrate de que revisas todas las políticas y opciones actualizadas para tomar la decisión correcta en base a tus objetivos de ventas y marketing.

Hay otro beneficio importante de ser parte de KDP Select. Usted puede entregar copias de libros de cortesía por un período de cinco días (cinco días de tu elección) repartidos en tres meses o incluso de forma consecutiva. Mientras que la promoción se lleva a cabo durante un período de cinco días o un solo día, su libro se mostrará bajo los libros gratuitos de Amazon. Esto puede impulsar significativamente sus estrategias de marketing y promoción.

Luego están las ofertas de cuenta regresiva que le permiten dar a los compradores un descuento fijo, lo que le permite obtener alguna atención temprana y la ventaja de generar ventas rápidas (y revisiones). Esto, a su vez, impulsa su perfil de ventas a largo plazo. Todo esto es posible sólo a través del programa KDP Select.

Otro truco de promoción es presentar el libro electrónico de cortesía mientras que la promoción de KDP Select se ejecuta en plataformas como Goodreads. Tendrás muchas descargas adicionales y exposición basada en el tema y la demanda.

Uno de los mejores medios para promocionar su libro son los medios sociales. Crear un zumbido inconfundible alrededor de los libros a través de múltiples plataformas de medios sociales como Twitter, Instagram, Facebook, YouTube, LinkedIn, y otros. Lo que pasa con Amazon es que promocionará su libro electrónico sólo si el libro genera algunas ventas iniciales, lo que significa que tendrá que crear un esfuerzo temprano para hacer algunas ventas antes de que Amazon pueda empujarlo más lejos para usted.

Estrategias Poderosas para la Comercialización de los Medios Sociales

1. Organiza una interesante y atractiva fiesta en Twitter. Los empresarios y escritores que se publican a sí mismos adoran Twitter porque es una plataforma divertida, atractiva e interactiva para vender su libro sin recurrir a estrategias de venta agresivas. 2. Organiza concursos de regalos o una fiesta de lanzamiento para iniciar tu campaña de promoción en línea. Recomiendo que se haga un hashtag pegadizo, memorable y único para la fiesta. Twitea algunos chistes del libro electrónico. Organice una sesión de preguntas y respuestas en vivo para agregar valor a su interacción con su público objetivo.

2. Construya una página, comunidad o grupo dedicado a un tema relacionado con el libro en Facebook, y publique contenido informativo sobre el mismo regularmente en el período previo al lanzamiento del libro. Si ofreces un contenido valioso, conectas con tus lectores potenciales y te esfuerzas por ofrecer soluciones prácticas, es posible que se lleven tu libro más rápido de lo que te imaginas.

3. Una estrategia popular de promoción en los medios sociales utilizada por muchos autores de bestsellers consiste en twittear fragmentos interesantes de sus libros. Recuerda, las plataformas de medios sociales no son el lugar adecuado para decirle a tus potenciales lectores que "compren su libro de inmediato". Evita usarlo como un medio de venta duro. En su lugar, utilícelo para construir una conexión con sus lectores, mientras que también establece su autoridad, credibilidad y experiencia como autor o influenciador de pensamiento. Es la plataforma de venta blanda que debe ser usada para construir una reputación y un seguimiento leal. Los autores harán bien en usar lo social para sus esfuerzos de construcción de marca. Construir la confianza ofreciendo un alto valor y un contenido interesante, que invariablemente ayudará a que las ventas de su libro electrónico se disparen.

4. Mientras que muchos autores recurren a Twitter y Facebook para promocionar sus libros, LinkedIn sigue siendo una opción inexplorada para crear un zumbido en torno a estos libros. La estrategia puede ser aún más eficaz cuando se trata de libros electrónicos relacionados con los negocios y la gestión. Enumere los libros de los que es autor en las opciones de publicación de su perfil de LinkedIn. Inicie una discusión sobre el tema creando un grupo de discusión enfocado. Otra estrategia consiste en incluir el nombre del libro en el resumen. Cualquiera que escanee tu perfil puede verlo. Esto también establece tu experiencia en un dominio específico. No ignores la sección de actualizaciones, donde puedes incluir citas, líneas importantes, recortes y otros extractos del libro.

5. Pinterest es otra plataforma interesante e inexplorada que puede utilizarse para promocionar sus libros de una manera visualmente atractiva y estéticamente atractiva. Hay un montón de ideas ingeniosas para crear publicidad alrededor de su libro sobre Pinterest. Empieza por hacer un tablero de anuncios de los libros que te inspiraron a escribir un libro sobre el tema o que utilizaste para investigación. Utiliza citas relacionadas con el tema de tu libro. También puedes usar imágenes relacionadas

con el nicho o el tema que te inspira. Algunos autores también crean un tablero de imágenes visualmente impresionantes de sus libros.

Si quiere ir un paso adelante, le sugiero que contrate los servicios de un artista gráfico profesional para hacer una infografía relacionada con su eBook. Si no quiere aumentar sus costos, cree una infografía usted mismo usando una plataforma como Canva o Infogram. La infografía es uno de los formatos de contenido más compartidos en los medios sociales. Asegúrate de usar tus propias imágenes o imágenes libres de derechos de autor que no te metan en problemas de violación de derechos de autor. Incluya líneas de sus libros en estas fotografías para hacerlas aún más impactantes. Haz varias de ellas y añádelas en un tablero de anuncios dedicado.

Capítulo Dos: Abriéndose Camino en el Club de los Ingresos Pasivos con Videos de YouTube

Según un artículo en Forbes, el Youtuber que más dinero gana en el planeta es (Pewdiepie), gana $12 millones al año a través de videos de YouTube. Esto puede darte una idea del potencial de la plataforma cuando se trata de hacer ingresos pasivos. YouTube es una plataforma atractiva, versátil y creativa para crear contenido de video que los espectadores disfrutan al instante. El contenido textual se ha vuelto más o menos anticuado. Presionados por el tiempo y buscando la gratificación instantánea, las personas disfrutan viendo diferentes tipos de videos. Un empresario en línea que se toma en serio la creación de un flujo constante de ingresos pasivos puede crear un montón de contenido educativo, informativo y entretenido para impresionar a los espectadores. Puede crear videos sobre casi cualquier cosa, desde hacer la pizza perfecta, hasta cultivar un huerto casero, pasando por las parodias de sus películas favoritas. La plataforma es tan flexible, multigénero e ingeniosa como quieras que sea.

Aquellos con talento, habilidades específicas o pasión por entretener a la gente pueden hacer una verdadera matanza creando videos de YouTube muy atractivos y originales.

Una guía paso a paso para empezar a obtener ingresos como un YouTuber.

1. Hacer una cuenta y un canal de YouTube

Antes de comenzar tu asociación con YouTube, asegúrate de revisar sus pautas comunitarias. Son bastante exhaustivas y cambian periódicamente, así que es mejor revisarlas antes de empezar. Esto asegurará que el contenido de tu video sea compatible con las políticas del medio.

Puedes crear una cuenta de YouTube con tus datos de acceso de Gmail o Google. Una vez hecho esto, el usuario es dirigido a la página principal de YouTube. A cada usuario se le asigna un canal de forma predeterminada, que está asociado a su cuenta. Sin embargo, es mejor crear un nuevo canal y mantener la cuenta de Gmail/Google separada del canal de YouTube. Esto facilitará y agilizará las cosas.

Crear tu canal de YouTube

- Haz clic en la opción Iniciar sesión en la esquina superior derecha de la página principal de YouTube.
- Puedes iniciar sesión con tu cuenta de Google existente o crear una nueva exclusivamente para YouTube. Te recomendaría crear una nueva, pero si quieres usar una cuenta existente, también está bien.
- Busca el icono de la foto del perfil en la parte superior derecha y haz clic en el icono "Configuración".
- En la configuración, elige la opción "crear un canal".
- Puedes crear un canal personal usando tu propio nombre o usar el nombre de tu marca/negocio. Muchos YouTubers le dan nombres creativos a su canal para hacerlo más atractivo y entretenido. Elige un nombre de acuerdo con tu género de contenido y objetivos y elige la categoría adecuada. Ahora accederás a YouTube como canal. Ponte tu gorra creativa y añade un logo llamativo. Utiliza gráficos atractivos para captar la atención del espectador y transmitir lo esencial de tu contenido o del tema del canal. Añade un email

que puedas utilizar para recibir consultas relacionadas con la empresa.

2. Crear un contenido de vídeo convincente y adictivo

Si desea triunfar en YouTube o usarlo como una fuente fiable de ingresos pasivos, a largo plazo, mejor que crees un contenido de vídeo impresionante. No hay ningún atajo para el éxito. Si quieres algo que nunca has tenido, debes estar preparado para hacer algo que nunca has hecho antes. ¡Tan simple como eso! No puedes seguir haciendo las mismas cosas esperando resultados diferentes.

Crea vídeos impresionantes y de alta calidad que capten muchas miradas y te ayuden a conseguir un seguimiento leal de los espectadores. Concéntrate en crear una gran base de espectadores creando y compartiendo videos que tengan el potencial de convertirse en virales. No es fácil, pero tampoco es imposible. En el libro Contagious: Why Things Catch On el autor Johan Berger menciona cómo la gente tiende a compartir contenidos que aumentan su moneda social, su valor social o los hacen más inteligentes entre sus conexiones sociales.

Crea contenido sobre cualquier cosa en la que seas bueno y haz una matanza con ello. Puede ser cualquier cosa, desde sátira hasta canciones de rap o imitación de artistas populares. Hay muchos alcances, y aun así, muchos géneros sin explotar. Si tu contenido cumple con las directrices de la plataforma, adelante y crea vídeos increíbles a su alrededor. Mira los mejores vídeos de YouTube para inspirarte y saber qué tipo de contenido te va bien. Graba vídeos atractivos y de alta calidad con una calidad de sonido de primera que generen muchas vistas.

Tengan en cuenta el hecho de que los usuarios de Internet tienen un corto período de atención. Buscan información rápida, soluciones y gratificación. Si algo no les atrae, rápidamente pasarán a otra fuente. Mantiene el contenido de su video lo suficientemente atractivo para que ellos se apeguen a él dando una primera impresión favorable. Puede sonar despiadado, pero sólo tienes unos segundos para causar una primera impresión impresionante. Si estás abriendo y el contenido de seguimiento no es lo suficientemente bueno, no serás capaz de construir el interés requerido.

3. Centrarse en conseguir un número masivo de suscriptores

Conseguir un gran número de espectadores es importante para ganar dinero en YouTube. Cuanto mayor sea el número de visitas a los vídeos, mayores serán sus ingresos. Disfrutarás de una mayor base de suscriptores, que comprobarán la repetición de las visitas de los vídeos que hagas en el futuro.

Incorpore las palabras clave adecuadas para el título y la descripción para asegurarse de que aparezcan en los motores de búsqueda cuando los usuarios busquen activamente contenido relacionado con su tema o nicho de contenido. Quieres que los vídeos sean fácilmente encontrados por tu público objetivo. Los vídeos pueden promocionarse en canales de medios sociales como Facebook, Instagram y Twitter. Existe una función para incrustar los vídeos de YouTube en su blog.

Escriba artículos informativos, útiles y atractivos relacionados con los videos para que su contenido sea más completo y profundo. Una de las mejores maneras de posicionarse en los motores de búsqueda es crear contenido diverso y versátil como videos, imágenes y texto bien escrito. Los motores de búsqueda toman instantáneamente el contenido que es profundo y presentado en múltiples formatos.

4. Obtener ingresos con AdSense

Ahora hablamos de cómo se gana dinero con YouTube. Los anuncios pueden ser incrustados en el video para obtener ganancias limpias de él. Visita la opción "Administrador de video" y selecciona monetización. Tu canal tendrá que pasar por un proceso de aprobación de monetización. Vincula tu canal a Google AdSense para obtener ingresos por publicidad. A continuación, te explicamos cómo puedes conectar el canal a tu cuenta de Google AdSense:

- Ingresa a YouTube
- Haga clic en la opción "habilitar la monetización" yendo a la configuración del canal y seleccionando monetización.
- Vaya a la siguiente pantalla y acepte todos los términos y condiciones para enviar.
- Haga clic en la opción "Vincular mi cuenta" justo encima del mensaje "casi ahí". Introduzca los detalles relacionados con su cuenta de AdSense o cree una nueva. Si crea una cuenta totalmente nueva, es posible que tenga que esperar hasta que se apruebe. El proceso de monetización puede comenzar inmediatamente después de que se apruebe la cuenta.

- Para crear la monetización sólo para vídeos específicos, haga clic en la ficha "Administración de vídeos". Verá el símbolo "$" junto a los vídeos que pueden ser monetizados. Haga clic en esta opción y visite "Configuración del vídeo" donde podrá acceder a la función "monetizar con anuncios". Los vídeos con derechos de autor siempre muestran un aviso junto al vídeo. El propietario original de un contenido puede reclamar los derechos de vídeo, aunque el vídeo haya sido subido por otra persona. Si alguien intenta reclamar los derechos de autor de un contenido creado por usted, puede disputarlo.

Al igual que otros métodos de monetización en línea, para ganar dinero a través de AdSense en YouTube es necesario crear un público fiel que ame su contenido y que espere ansiosamente sus vídeos. No te concentres simplemente en llenar tus videos con toneladas de publicidad. Los nuevos usuarios que aún no han estado expuestos a tu contenido no se lo tomarán demasiado bien. Construye primero un grupo de seguidores leales ofreciendo contenido útil y atractivo antes de que decidas monetizar tu canal.

La clave para obtener ingresos pasivos en línea es ofrecer un valor real a tus usuarios antes de que puedas esperar ganar con ellos. Es posible que AdSense no apruebe su solicitud de monetización basándose en el hecho de que puede que no tenga suficientes seguidores. Por lo tanto, al principio, concéntrese en crear un flujo constante de espectadores leales, seguido de la monetización de su canal. Cree un contenido que sea único y que destaque. Ofrezca un valor increíble a sus suscriptores, y no olvide optimizar estos videos para que se encuentren fácilmente durante las búsquedas. ¿Cómo se lleva un registro de las estadísticas de los espectadores? Accede a todas tus estadísticas desde la página de análisis de YouTube.

5. Utilizar métodos de monetización de la comercialización de afiliados

El marketing de afiliación es otra forma maravillosa de monetizar tu contenido de YouTube. Hay un montón de productos informativos, productos reales, aplicaciones y servicios que pueden ser promocionados a través de tus videos de YouTube. Incluye un enlace de afiliado en la sección de descripción.

Cada vez que los espectadores utilicen tu enlace de afiliado único para comprar un producto/servicio, ganarás una comisión. Se sabe que el marketing de afiliación genera mayores ingresos que los anuncios en YouTube. Utiliza este método de monetización de forma inteligente para sacar el máximo provecho de tu canal. Asegúrese de que los productos o servicios que está promocionando a través de sus enlaces de afiliado estén relacionados con su vídeo y sean de interés o valor para sus suscriptores objetivo. No querrás empujar a un montón de pavos que llevan a una pérdida de suscriptores y de credibilidad. Apéguese a productos y servicios de alta calidad, relevantes y de valor añadido que ayuden a facilitar la decisión de compra a sus compradores.

Por ejemplo, si está creando una receta o vídeos de alimentos, puede incluir enlaces de la plataforma o del mercado desde donde su público pueda comprar utensilios de cocina que haya utilizado en su vídeo. De esta manera, las personas que estén interesadas en seguir sus recetas sabrán de dónde obtener utensilios de cocina de alta calidad.

6. Crear vídeos para dirigir el tráfico a tu blog

Los videos atractivos, informativos e interesantes son una gran manera de canalizar el tráfico hacia tu blog. Utiliza el enlace de tu blog dentro de la sección de descripción del vídeo. Insta a los visitantes a actuar haciendo clic en el enlace del blog. Este YouTube puede utilizarse para ganar dinero a través de anuncios y ofertas de afiliados en el blog de nicho.

7. Utiliza el programa de socios de YouTube

Una vez que tu canal gane popularidad y tengas muchas visitas, podrás calificar para el programa de socios de YouTube, que es una forma popular de obtener ingresos adicionales. Además, las marcas pueden acercarse a ti para patrocinar tu contenido o crear vídeos para promocionar sus productos y servicios a cambio de una cuota.

Sin embargo, es necesario que te establezcas como una persona influyente o una autoridad dentro de tu dominio antes de que las marcas puedan acercarse a ti. Debes ser un líder de opinión o una persona influyente en la comunidad para conseguir que la gente compre a través de tus sugerencias y recomendaciones para que las marcas se acerquen a ti y te paguen una elevada cuota de patrocinio. Sin embargo, muchos YouTubers están ganando dinero a través de videos patrocinados y asociaciones de marcas.

Para el programa de socios de YouTube, no hay condiciones de elegibilidad claramente establecidas. A veces, algunos canales son aprobados incluso con 100 (o menos de 100) suscriptores. Uno de los mayores beneficios de ser aprobado para el programa de socios de YouTube es que podrás usar muchas herramientas avanzadas y sofisticadas para mejorar tu contenido, lo que te ayudará a conseguir aún más suscriptores. Esto se traduce en una mayor exposición, más visitas y, finalmente, mayores beneficios. Vale la pena considerar el programa de socios si quieres aumentar tus ganancias en YouTube o si realmente quieres usarlo como una fuente confiable de ingresos pasivos.

8. Consejos para aumentar los suscriptores de YouTube

- Usa títulos increíbles para tus videos. Mantén los títulos concisos, convincentes y breves. Debe ser lo suficientemente intrigante como para despertar el interés del espectador. Por ejemplo, si el video es sobre un gato comiendo pasta, dale un título pegadizo como "Pasta de gato en desorden". No reveles demasiado. De todos modos, estimula la atención y el interés del espectador.

- Muchos YouTubers usan la estrategia Clickbait para tentar a sus lectores a hacer clic en un enlace redactando titulares imposibles de ignorar. Han visto muchos titulares como: "No creerán el regreso de este pájaro después de ser perseguido por un perro". El espectador obviamente quiere encontrar qué extraordinaria hazaña, acción o reacción fue realizada por el pájaro, lo que le obliga a ver el vídeo. Utilice sus palabras clave principales o más relevantes en el título de forma orgánica para optimizar estos videos para los motores de búsqueda más populares. Sin embargo, si estás usando Clickbait, asegúrate de que cumple lo que prometes en el título. De lo contrario, los espectadores dejarán de confiar en ti y de ver tus vídeos.
- Describe tus vídeos de forma precisa y detallada. Redacta algunos párrafos que describan brevemente el contenido del vídeo. Optimice el contenido de su vídeo incorporando las palabras clave adecuadas.
- Promocione su contenido en plataformas como Google Plus, Facebook, Twitter, Pinterest y otras plataformas de medios sociales. Consigue que la gente actúe, comente y comparta tus videos. Dales a tus videos la tan necesaria

exposición. Conecta tu cuenta con otras plataformas de medios sociales como Google Plus. Utiliza aplicaciones como ifttt.com para automatizar el proceso de publicación en múltiples plataformas de medios sociales.

- Utiliza etiquetas para una optimización más efectiva. Incorpore palabras clave importantes en los títulos del video y descripciones en las "etiquetas" para obtener una mayor audiencia. Utilice etiquetas apropiadas, relevantes y adecuadas para aumentar la exposición de su vídeo mientras los espectadores lo buscan. Estas etiquetas son similares a los hashtags utilizadas en Twitter e Instagram.

- Digamos, por ejemplo, que está creando un vídeo de un gatito jugando con un cachorro, se le podrían ocurrir varias etiquetas como "lindo gatito jugando con un gatito" o "amor de gatito". No utilice palabras adicionales que la gente no incluye en sus búsquedas mientras utiliza etiquetas que son populares en los vídeos de varias categorías.

- Termina cada vídeo con una llamada a la acción. Lo ideal sería que en cada video usted instara a los espectadores a tomar medidas. Es más probable que la gente actúe cuando les simplificas las cosas diciéndoles exactamente lo que quieres que hagan. No asumas que tus espectadores sabrán automáticamente qué hacer. Diga algo como, "Presiona el botón similar ahora; no toma más de unos pocos segundos". A veces, la gente puede disfrutar de un video, pero no se da cuenta de los botones de compartir. Recuérdales que les guste y compartan el contenido para aumentar el compromiso y la participación.

- Otro consejo de los expertos para reunir muchos gustos, acciones y comentarios es mencionar algo sobre lo que la gente tenga una opinión sólida, que llegue a compartir e interactuar.
- Pídeles que comenten sus opiniones sobre algo. Insista en que compartan su opinión en la sección de comentarios. Por ejemplo, puedes subir un vídeo de animales de viaje que da a los turistas paseos de alegría en santuarios internacionales y pedir a la gente su opinión al respecto. Plantee preguntas perspicaces hacia el final para ganar tracción en temas aparentemente controvertidos, discutibles y con opinión.
- Crear listas de reproducción. Las listas de reproducción de YouTube no son muy diferentes de las listas de reproducción

normales. Sirven para el mismo objetivo. Es más fácil para los espectadores ver otros videos de tu parte cuando creas una lista de reproducción. La facilidad de acceso es la clave para aumentar el número de espectadores y la exposición en Internet. Cuando presentas las cosas en un formato de fácil acceso y digestión, la gente lo verá/leerá.

Cualquier cosa que requiera tiempo o esfuerzo tiene más posibilidades de ser rechazada. La gente busca un consumo rápido de información y entretenimiento. No hagas que los potenciales espectadores piensen demasiado o corran por el lugar si quieres un espectador leal.

Estrategias Probadas para Crear Vídeos de Youtube que Generen Ingresos

Hacer videos de YouTube puede ser una forma maravillosa de ganar dinero si sabes qué tipo de contenido es popular y fácilmente asimilado por los espectadores. Tu canal tiene el potencial de ofrecer mucha influencia para ganar un alto número de suscriptores. El área en la que la mayoría de los nuevos empresarios en línea luchan es en la que surgen ideas para nichos de ganancia de dinero. No son capaces de encontrar ideas inspiradoras y que llamen la atención.

Es un desafío concentrarse en un nicho popular que los televidentes están absorbiendo.

Aquí hay algunas ideas para crear nichos de video para hacer dinero en YouTube:

- Los videos de cocina son una moda en YouTube y es previsible que así sea. Todos están ansiosos por crear nuevas creaciones culinarias y quieren un tutorial instructivo fácil y paso a paso para el mismo. Los espectadores pueden seguir repasando las recetas cada vez que desean cocinar algo o se pierden algunos pasos, lo que lo convierte en una plataforma increíble para los tutoriales de recetas. La comida es también un medio visual insano que ofrece mucho espacio para la creatividad, la presentación y la innovación. Un consejo para la competencia más baja es reducir su nicho de canal. Por ejemplo, si el nicho de la cocina está demasiado lleno, elige algo más estrecho como recetas de loncheras para niños sanos o recetas de desayuno de 10 minutos.

Esto puede ayudarte a dominar la cocina del desayuno o el subnicho de la lonchera de los niños. También puede ser cualquier cosa, desde comidas de una olla hasta batidos de dieta. Esto ayudará a la gente que busca sus subnichos más estrechos a encontrar su canal, haciéndolo más enfocado. ¡Haz videos de alta calidad para recetas tradicionales, exóticas o sencillas y mira cómo aumenta tu audiencia! Si lo mantienes demasiado amplio, puede que no encuentres muchos espectadores, a menos que seas una personalidad ya establecida en el ámbito de la cocina.

- También está el popularísimo nicho de las aventuras gastronómicas, que consiste en crear vídeos de tus aventuras gastronómicas en diferentes lugares de la ciudad, el país o el mundo. Algunos videos de comidas callejeras de la India han ganado la friolera de 2,2 millones de visitas en unos pocos meses. Así que puedes imaginar el alcance del género. Graba tus aventuras culinarias en todas partes si eres un aficionado a la comida o disfrutas de la comida en diferentes lugares.

- Otro género popular es el de los videos de desbloqueo de productos. Si has comprado un producto de belleza, un juguete, un producto único (que tiene mucha curiosidad o zumbido a su alrededor), o te suscribes a una de las últimas modas (cajas de belleza basadas en suscripciones mensuales), puede ser una sólida fuente de dinero para ti. Ofrezca revisiones objetivas e imparciales de estas cajas o productos de suscripción creando vídeos de desbloqueo para mostrar a los espectadores exactamente lo que pueden esperar de él. Si encuentras algo verdaderamente valioso o útil, menciónalo a los espectadores. Asegúrate de mencionar también los aspectos no tan halagadores de los productos/servicios para ayudar a tus espectadores a tomar la decisión de compra correcta.

- Un nicho que está creciendo en popularidad y que es bastante perenne es el nicho de la revisión de gadgets. Muchos YouTubers están obteniendo ingresos pasivos estables cada mes mediante la creación de revisiones perspicaces, informativas, imparciales y exhaustivas de los últimos smartphones, pestañas y otros gadgets. Los ingresos por publicidad terminarán pagando tus compras de gadgets si tienes un número constante de seguidores, además de que puedes obtener algunos beneficios adicionales. Al igual que otros negocios, requerirá tiempo, esfuerzo y pensamiento ingenioso de tu parte. Revise y califique los dispositivos más recientes o recién lanzados. Una vez que te establezcas como una persona influyente en el dominio de la tecnología y tengas gente que busque tus recomendaciones/sugerencias, las empresas de tecnología pueden acercarse a ti para promocionar/revisar sus productos a cambio de una buena tarifa.

- Los videos de bromas y fallas de bromas también son muy populares en YouTube hoy en día y no requieren mucho más que una mente creativa. Los videos con mucho humor tienen el potencial de volverse virales inmediatamente. ¡Grabar videos de bromas a amigos, parejas y familiares! Agarra sus reacciones naturales. Aprende a editar y añade efectos más profesionales para que los videos llamen aún más la atención.

- Las cámaras espías están disponibles en todo el Internet. Los ancianos también pueden intentar hacer bromas a extraños. La magia callejera y otros videos de trucos de magia están adquiriendo mucha fuerza en YouTube.

Comparte algunos trucos y bromas de magia con tus espectadores para ayudarles a hacerse populares entre sus amigos.

- Las bromas fallidas también están ganando popularidad en YouTube y tienen un gran valor de risa y de absurdo. No es algo que suceda usualmente, lo que hace que se agarre muchos ojos cuando lo hace. Crea guiones de bromas fallidas que parezcan genuinos, y haz que tus espectadores se sienten y tomen nota.

- Las reseñas de libros son muy populares en YouTube. Los lectores ávidos a menudo escudriñan a través de las reseñas en video de los libros que planean leer para saber si vale la pena el tiempo y el esfuerzo. Del mismo modo, una reseña de películas y series de televisión también son populares. Asegúrate de incluir reseñas de libros populares, películas y series de Netflix sobre las que la gente quiera saber más. Hacer videos convincentes sobre libros y películas sin revelar detalles minuciosos de la trama. Los detalles perspicaces y analíticos del libro/serie o una crítica del mismo son muy buscados. Incorporar algunas citas y líneas famosas del libro para hacerlo más impactante e interesante.

- Los tutoriales de cómo hacer videos son muy populares en YouTube. Los espectadores siempre están buscando vídeos de manualidades, pasatiempos y otros vídeos de bricolaje o hackeos. Aprende nuevas habilidades, arte y hackeos para hacer videos populares a su alrededor. "Cómo" no es realmente un nicho, sino más bien un tipo de contenido para el formato que puede ayudar a los espectadores a aprender todo, desde cómo tocar la guitarra hasta cómo arreglar un neumático pinchado y cómo quitar las manchas difíciles de la ropa. Haz que tu video sea fácil de entender, paso a paso y útil. Debe ofrecer un valor claro a tus espectadores si quieres que sea más digno de ser compartido. La optimización de motores de búsqueda y otros tutoriales de marketing en Internet también funcionan bien en YouTube, porque los profesionales del marketing para principiantes casi siempre buscan diferentes maneras de ganar dinero en línea aprendiendo los trucos del oficio de los expertos.

- El screen casting también es una actividad popular en YouTube para ayudarte a grabar la actividad de la pantalla de una computadora o un dispositivo electrónico mientras está sucediendo. Esto te da la posibilidad de crear múltiples aplicaciones web, gadgets y aplicaciones informáticas grabando la actividad de tu pantalla mientras realizas estas tareas. Ofrezca a la gente una resolución para los problemas técnicos comunes o enséñeles cómo usar varias aplicaciones de manera más efectiva. Comparte atajos y hackeos de productividad para llenar tus videos de utilidad y alto valor. Muchos espectadores buscan soluciones rápidas para sus problemas técnicos. Este formato es especialmente adecuado para las personas que son tímidas ante la cámara y desean permanecer entre bastidores sin dejar de aprovechar al máximo sus habilidades y conocimientos técnicos. El canal también puede doblar como software, sitio web y software de revisión de aplicaciones.

- También hay videos de viajes que se han mantenido constantemente en la cima de las listas de popularidad por su atractivo visual y contenido informativo. Monetiza tus aventuras de viaje grabando videos de alta calidad. Las experiencias y revisiones objetivas e imparciales de primera mano siempre son buscadas por los espectadores que planean visitar un destino. Puedes cubrir todo, desde lugares de interés turístico hasta comida, cultura local o compras. Los vídeos de aventuras submarinas (snorkel y buceo) son muy populares, al igual que los viajes en crucero, los viajes por carretera y los viajes de compras. Mantén tu narrativa única, interesante, conversacional y personal. Su público objetivo debe ser capaz de relacionarse con sus aventuras.

- Las comedias stand up, la sátira, la parodia, la mímica y otros formatos de humor también son populares en YouTube. Su reclamo a la fama puede estar haciendo un despegue en las celebridades populares y las sensaciones internacionales. Estos videos tienen un valor de participación masiva, lo que significa que puedes ganar mayor exposición y popularidad. A menudo, estos videos son compartidos y respaldados por las propias celebridades en sus cuentas de medios sociales.

- Alternativamente, puede entrevistar a bloggers populares y a sensaciones de YouTube para escuchar sus historias de éxito. Muchos espectadores están ansiosos por conocer la historia entre bastidores de un blog, un sitio web o un canal de YouTube en particular. Consigue que estas estrellas de Internet compartan algunos de sus consejos y sus historias de éxito y tendrás a la audiencia comiendo de tu mano. También ayuda a los bloggers estrella y a las sensaciones de YouTube a presentarse como expertos o influenciadores en múltiples plataformas, mientras se dirigen a una base de audiencia más amplia.

- Algunos YouTubers han hecho una fortuna compartiendo su opinión sobre temas controvertidos y de actualidad. Puede tratarse de una broma, una sátira o un comentario sarcástico sobre un tema que está recibiendo mucha atención nacional o mundial. ¿Dónde encontrar los temas de moda? Google Trends es el mejor lugar para buscar temas populares, de tendencias y virales. Los nichos de tendencias pueden reunir muchas vistas tempranas rápidamente si lo haces bien.

- La siguiente categoría popular es la de vídeos de fitness y de ejercicios. Muchas personas buscan ejercicios rápidos y eficaces que les ayuden a perder peso o a llevar un estilo de vida más saludable. También puede combinar estos videos de acondicionamiento físico con divertidas rutinas de baile, yoga y meditación. Comparta planes de dieta que le hayan funcionado, recetas saludables, técnicas de entrenamiento fáciles de seguir y revisiones de suplementos para la pérdida de peso.

Sin embargo, asegúrese de no ofrecer ningún consejo médico (si no está cualificado para ello) y recomiende siempre a sus espectadores que consulten a su médico antes de seguir cualquier plan de dieta o rutina de ejercicio/entrenamiento físico. Piense en asociarse con nutricionistas, dietistas, entrenadores de gimnasio y otros profesionales cualificados para ofrecer a las personas soluciones más comprensibles y completas para la pérdida de peso y el mantenimiento del estado físico.

- Los bebés que hacen un baile improvisado o algo igual de lindo están muy de moda en YouTube. Además, debido al factor de lo lindo, también acumulan muchos gustos, comentarios y acciones. Haz que estos actos sean únicos y actuarán como desestresantes absolutos para tu público. A la gente le encanta tomarse un descanso de su estresante agenda y ver vídeos agradables que les hagan reír o estar contentos. Estos videos también circulan ampliamente en grupos familiares y sociales.

Independientemente del tipo de contenido que esté creando a partir de la lista anterior (o de su propio tema), es importante establecer una conexión con sus espectadores para que vuelvan por más. Construye la confianza, la autoridad, la credibilidad y la experiencia si quieres que te admiren por la información o el entretenimiento. La creación de una relación o conexión es una necesidad para casi cualquier negocio en línea. Ellos quedarán impresionados por su contenido, pero una relación favorable los hará regresar por más.

Capítulo Tres: Regla de la Comercialización de Afiliados

El marketing de afiliados es una de las mejores maneras de hincarle el diente al mundo de la generación de ingresos pasivos en línea. Lo que lo hace tan lucrativo para los principiantes es el hecho de que no necesitas crear tus propios productos, servicios, cursos ni nada. Mientras aprendes a crear tus propios productos o contenidos, puedes cosechar ricos beneficios promocionando los productos y servicios de otras personas a cambio de comisiones o un porcentaje de la venta. Muchos comerciantes de Internet viven a tiempo completo del marketing de afiliación. Contrariamente a la percepción popular de que la industria está obsoleta o saturada, las tendencias revelan que el marketing de afiliados está previsto que crezca hasta convertirse en una industria de $7.000 millones en los próximos cinco años. Si no se está aprovechando de esta maravilla de hacer dinero, se está dejando mucho dinero sobre la mesa para los competidores.

Aquí hay un aviso sobre el marketing de afiliados y las estrategias secretas que puedes dominar para hacer una matanza de ello.

Marketing de Afiliados Desmitificado

El marketing de afiliación es una de las oportunidades de generación de ingresos más antiguas de Internet que ha cambiado la vida de miles de empresarios virtuales. ¿Cómo funciona el marketing de afiliación? Como vendedor afiliado, asociado o socio, usted simplemente se inscribe para promover los productos o servicios de otras personas y ganar un porcentaje del precio de venta cada vez que alguien compra el producto o realiza alguna acción relacionada con él a través de su exclusivo enlace de afiliado (que es rastreado por el comerciante).

En otras palabras, simplemente estás recomendando o sugiriendo a tus lectores que compren productos o servicios que crees que son útiles o valiosos para ellos de alguna manera y que ganen beneficios haciendo estas valiosas recomendaciones cada vez que se realice una venta a través de tus enlaces de afiliado. Las comisiones difieren enormemente y pueden variar desde $1 hasta $10,000 dependiendo del producto que haya elegido para promocionar.

Piense en el marketing de afiliados como algo similar a la forma en que operan los agentes inmobiliarios. No ganan propiedades que están en alquiler o venta. En cambio, recomiendan, sugieren o promueven las propiedades de otras personas a los posibles compradores a cambio de un porcentaje del acuerdo de la propiedad.

5 Razones por las que Deberías Considerar el Marketing de Afiliados como un Modelo de Creación de Ingresos en Línea

1. No necesitas un producto o servicio

Esta es una de las razones principales por las que los nuevos empresarios de Internet encuentran el marketing de afiliados tan lucrativo. No necesitas construir productos, servicios, sistemas y mecanismos de venta desde cero. Todo está listo para que empieces a promocionar y comercializar los productos y servicios de otras personas de inmediato. Todos los sistemas están pre-construidos para que te beneficies con un mínimo esfuerzo en la reinvención de la rueda o la construcción de un proceso desde cero. En cambio, puedes centrar todos tus esfuerzos en la promoción y la comercialización.

Quiero decir que realmente no puedes lanzar un blog y un sitio web y poblarlo con tus productos y servicios de la noche a la mañana. Crear tus propios productos y servicios es una tarea que consume tiempo, inversiones pesadas e intensivas. Puede que no tengas el tiempo, las habilidades especializadas y el dinero para invertir en la creación de tus propios productos o servicios. El marketing de afiliación puede ser un salvador en tales casos.

2. Bajo capital inicial

Compare el establecimiento de un negocio de comercialización de afiliados en relación con sus beneficios con el de un negocio convencional. No se traga una enorme inversión de capital directo sólo para dar rendimientos endebles en un período de tiempo. Para lanzar un negocio tradicional, se necesita todo, desde espacio de venta al por menor hasta un inventario listo que asciende a varios cientos o miles de dólares para gastos generales. Por el contrario, un negocio de marketing de afiliados puede iniciarse al precio de un par de comidas.

3. No se requieren conocimientos especializados o pericia

Por supuesto, si eres una autoridad establecida en un dominio, se sumará a tu poder como influencia para conseguir que la gente compre varios productos y servicios. Sin embargo, no necesitas ningún conocimiento especializado o experiencia para hacer una matanza en el marketing de afiliados como un negocio virtual. Por ejemplo, si estás promocionando suplementos de reducción de peso, realmente no tienes que ser un nutricionista calificado.

Todo lo que necesita hacer es dar información completa, detallada, objetiva e imparcial para que sus críticas sean genuinas y lo suficientemente convincentes como para alentar a sus lectores a comprar el producto a través de su enlace. Los vendedores afiliados necesitan entusiasmo y afán para recomendar productos y servicios adecuados al público objetivo pertinente.

4. Una enorme fuente de ingresos pasivos

El marketing de afiliados es un excelente método para aprender los ingresos pasivos en línea. Piensa en ello como en ganar ingresos en una propiedad que tienes. Su sitio web es su propiedad, y puede alquilar diferentes espacios en su sitio web a ofertas de marketing de afiliación para ganar comisiones estables de ellos cada mes.

Este ingreso pasivo puede continuar mientras la propiedad sea suya. En un trabajo o negocio convencional, inviertes tiempo y esfuerzo una vez y te pagan por ello una vez. La belleza del pensamiento de ingresos pasivos es que una vez que se pone en marcha un sistema, tienes el potencial de que te paguen varias veces o toda la vida por hacer algo una o varias veces. El dinero puede ser hecho literalmente mientras duermes por completar una tarea una vez.

5. Abundante ubicación e independencia profesional

No hay duda de ello, eres tu propio jefe. Tienes completa independencia profesional para determinar todo, desde el tipo de productos que deseas promocionar hasta tus horas de trabajo y las estrategias para ampliar el negocio. Como empresario en línea, tienes el control total de tu negocio. Así que, sí, esos gráficos de los vendedores en línea sentados en una playa lejana con una exótica bebida tropical en sus manos, mientras su cuenta bancaria engorda de la noche a la mañana pueden no ser tan descabellados después de todo.

El marketing de afiliados es una opción flexible que no te ata a un horario rígido. Puedes empezar como una fuente secundaria o complementaria de ingresos junto con un trabajo a tiempo completo, y dejar tu trabajo diario una vez que empieces a ser testigo del éxito al ampliarlo. Tienes completa libertad para elegir tus horas de trabajo, trabajar en movimiento, y llevar una vida más independiente geográficamente.

¿Cómo Funciona el Modelo de Negocio del Marketing de Afiliación?

Como vendedor afiliado, empiezas por crear tu propio blog o sitio web. Por supuesto, uno puede lanzar un negocio de marketing de afiliados sin un blog o sitio web, pero si te tomas en serio la idea de convertirlo en una fuente de ingresos estable y fiable, a largo plazo, con el tiempo necesitarás un blog o sitio web de aspecto profesional. Ser propietario de un sitio web o blog es similar a reclamar la propiedad de un terreno o inmueble virtual, que puede ser monetizado a largo plazo a través de múltiples empresas, una de las cuales es la comercialización de afiliados. Al lanzar un recurso creíble, autoritario y valioso para su público objetivo, puede buscar cosechar beneficios estables a largo plazo del sitio web.

Hay enlaces únicos referidos a los enlaces de afiliados para cada producto o servicio que intente promover en su página. Estos vienen con rastreadores y registradores incorporados que ayudan a la empresa o comerciante creador del producto/servicio original a determinar con precisión a quién debe atribuirse la venta, lo que significa que cada vez que un usuario del sitio web hace una compra a través de su enlace único, se le acredita debidamente por ello.

El comerciante se beneficia porque obtiene una mayor exposición y una base de audiencia más amplia para sus productos o servicios. El cliente se beneficia porque encuentra productos o servicios que son valiosos para él. El comerciante afiliado se beneficia porque recibe una comisión a cambio de promover los productos y servicios de otra persona. Dado que es un beneficio para todos los involucrados, el modelo de negocio del marketing de afiliación es bastante fuerte y es menos probable que se desmorone como otros modelos de negocio en línea de pavo.

Como propietario de un sitio web o un blog, su objetivo es aumentar sus conversiones o conseguir que el mayor número de lectores o usuarios compren desde su enlace como sea posible. Cuanto mayor sea el número de personas que hagan clic en estos enlaces de afiliados, mayores serán sus oportunidades de convertir los clics en comisiones de ventas.

El marketing de afiliados es sin duda un juego de números o de promedios. Actuar así implica atraer una gran cantidad de tráfico dirigido a tu sitio web o blog, mientras que les incita a comprar a través de tu enlace de afiliado, ofreciendo productos o servicios valiosos, perspectivas útiles y revisiones exhaustivas que les ayuden a comprar. Recuerda este punto muy crucial— estás garantizado a fallar si te acercas al marketing de afiliados como simplemente vendiendo un montón de productos o servicios a tus clientes. En cambio, cambia el enfoque para ayudarlos a comprar. Facilítales la elección de los productos y servicios que les resulten más útiles y relevantes a través de revisiones detalladas, recomendaciones imparciales y publicaciones exhaustivas.

Construir un flujo constante de tráfico en la web durante un período de tiempo porque todo se trata de números al final del día. Sólo un pequeño porcentaje de las personas que visitan tu sitio web harán clic en tu enlace de afiliado. Por otra parte, sólo un pequeño porcentaje de los que hagan clic en tu enlace comprarán desde el enlace. Por lo tanto, cuanto mayor sea el número de usuarios que visiten tu página web, mayores serán tus tasas de clicks y conversiones. Aumente su tráfico a través de varios métodos de generación de tráfico (mencionados más adelante en el capítulo) para ganar más clics, ventas y comisiones.

Marketing de Afiliados: Proceso Paso a Paso

Aquí hay un desglose paso a paso de cómo funciona el proceso de marketing de afiliados:

1. Seleccione un nicho

Para lanzar tu propio sitio web o blog de marketing de afiliados, necesitas concentrarte en un nicho o subnicho lucrativo que no sea lo suficientemente competitivo para estar saturado y demasiado bajo en la demanda para no tener una audiencia o tomadores. Encuentra un punto dulce entre los dos. Necesitas un nicho que esté demasiado concurrido pero que tenga una demanda e interés considerable entre el público objetivo. Cuidado con los nichos que resuelven un problema.

Los nichos de siempre incluyen aquellos relacionados con la salud, la riqueza y las relaciones, ya que todo el mundo está casi siempre buscando una salud brillante, formas de hacer dinero y mantenerse en relaciones satisfactorias. Busca en estos nichos siempre verdes muchos subnichos. Por otra parte, los nichos relacionados con los pasatiempos, los viajes, la comida y el estilo de vida también funcionan bien ya que tienen un valor de aspiración.

Cuando un nicho es demasiado amplio o competitivo, intente reducirlo a un subnicho. De esta manera tendrás la oportunidad de clasificar bien o capturar un subnicho más pequeño que no estar en ninguna parte con un gran nicho. Cuando se trata de marketing de afiliación, vale la pena ser un pez grande en un pequeño estanque en lugar de un pez pequeño en un océano. Identificar y dominar un nicho estrechándolo. Por ejemplo, un nicho como la pérdida de peso se hace hasta la muerte. Tendrás muy pocas posibilidades de dominar un nicho tan vasto como este con varios grandes jugadores que ya compiten por el primer lugar en las búsquedas de pérdida de peso. Sin embargo, si lo reduce a algo como "pérdida de peso después del embarazo", tendrá mayores posibilidades de dominar un nicho con usuarios de láser (mujeres que buscan eliminar los kilos extra después del embarazo).

Hay un eterno debate entre ir con un nicho que te apasiona contra un nicho que hace dinero. Yo diría que te quedes en algún lugar en el medio de nuevo. Si buscas construir un negocio a largo plazo, estable y sostenible, no sobrevivirá mucho sin un elemento de pasión. Para pasar por tediosas horas de creación y promoción de contenidos, tendrás que tener algún tipo de interés en el tema. Por otra parte, la simple pasión sin resultados o demanda no te ayudará a pagar las facturas, lo que será lo suficientemente desmotivador como para hacerte renunciar eventualmente. La pasión también debería aportar el dinero porque, admitámoslo, estamos hablando de construir una fuente de ingresos pasivos a largo plazo.

Piensa en un nicho en el que estés bastante interesado, y que también tenga una demanda considerable. Debes disfrutar investigando, escribiendo y promocionando el tema que elijas. Además, debe tener una buena gama de productos y servicios de marketing de afiliados para promover.

Encuentre productos y servicios apropiados, valiosos y relevantes para promover

Una vez que hayas puesto a cero un nicho o un tema, identifica los productos o servicios que deseas promover en tu blog o sitio web. Hay muchas redes de afiliados y mercados en los que puedes encontrar productos y servicios en múltiples nichos y categorías. También tendrán las estadísticas de rendimiento del producto o servicio al alcance de su mano para determinar si desea promocionar el producto. Elija los productos más adecuados, relevantes y apropiados para su público objetivo. Por ejemplo, si tienes un sitio web sobre consejos para ahorrar dinero, no puedes promocionar vacaciones de lujo.

Una vez que se registre como afiliado para los productos o servicios seleccionados, el comerciante creará su enlace de afiliado único, que puede ser utilizado para promover los productos o servicios en múltiples plataformas.

2. 2. Crear un sitio web

Aunque hay comerciantes afiliados que hacen negocios sin un blog o un sitio web, un sitio web le ayudará a hacer el proceso más eficaz y racionalizado. No se sienta intimidado ante la perspectiva de construir un sitio web. No es tan aterrador como parece. WordPress tiene toneladas de plantillas increíbles, opciones de personalización y plugins para ayudarte a construir páginas web profesionales, fáciles de navegar, fáciles de usar y de aspecto impresionante con unos pocos clics. Atrás quedaron los días de la tediosa codificación y programación, que hace más fácil para un novato establecer su propia empresa de marketing de afiliados.

3. Llénalo con un contenido digno

Esta es la columna vertebral de su negocio de marketing de afiliados. No esperes construir una página web sospechosa añadiendo un montón de enlaces de marketing de afiliados de mierda; espera hacer una fortuna de la noche a la mañana. No funciona así en el mundo virtual. Tienes que ofrecer a tus lectores un valor real primero a través de un contenido de alta calidad, autoritario, profundo y valioso antes de que confíen en ti lo suficiente como para comprar en base a tus sugerencias y recomendaciones. Establezca una marca creíble que dé valor a los lectores antes de ganar de ellos.

Durante los primeros meses, evite concentrarse en ganar dinero y concéntrese simplemente en construir una marca fiable, creíble e identificable. Su público debe ser capaz de identificarse con su marca y conectarse con ella. El contenido debe resonar con su público objetivo, y hacer que se sienten y se den cuenta. Cree un contenido informativo y compartible.

Ya no se limita al contenido textual y a las entradas de los blogs. Hay múltiples formatos de contenido que están ganando gran popularidad en los medios sociales, como los videos y las infografías. Dar valor a los lectores haciendo que el contenido sea muy útil y atractivo para ellos. No, y me refiero a que no le metan productos y servicios de baja calidad por la garganta a sus lectores. Te odiaran y nunca podrás recuperarte de esta pérdida de reputación. Si tienes la intención de ganar dinero con el marketing de afiliación a largo plazo, apégate a productos de alta calidad que te hagan la vida más fácil o que ofrezcan un valor sólido a tu público objetivo. Sus enlaces de afiliados deben estar perfectamente entrelazados en el contenido. Debe sentirse como si fuera una parte del contenido o tema que está abordando o sobre el que está compartiendo información. No lo lances como algo que estás promocionando agresivamente. En su lugar, haga recomendaciones útiles a sus lectores basadas en sus experiencias personales.

En lugar de simplemente hacer de su público las desafortunadas víctimas de sus estrategias de marketing, guíelos. Sugiera productos y servicios de alta calidad que añadan valor a sus vidas.

4. Promociona tu blog o sitio web de forma consistente

Una vez que tus enlaces de afiliado estén construidos y activos, promociona tu blog o sitio web yendo tras tu público objetivo. Cuanto mayor sea el número de lectores específicos que pueda alcanzar y atraer hacia su blog o sitio web, mayor será su potencial de ingresos por ventas de referencias y comisiones de marketing de afiliados.

Hay múltiples maneras de promover su sitio web o blog, incluyendo la promoción de sus publicaciones en los medios sociales, la optimización de sus páginas web para ganar altas clasificaciones en los motores de búsqueda y los medios de publicidad de pago (como Google AdWords y anuncios de Facebook). Dejemos esto para más adelante y concentrémonos en los pasos básicos por ahora. El primer y más importante paso hacia la creación de cualquier empresa lucrativa para ganar dinero es simplemente empezar.

Elegir los productos adecuados en Clickbank

Clickbank es una de las redes de afiliados más conocidas, con un gran número de productos digitales en múltiples nichos. Nombra el nicho, ellos lo tienen.

Aquí están algunos de mis mejores consejos para descubrir los productos y servicios más rentables de Clickbank:

1. El primer consejo profesional es evitar promover demasiados productos o servicios a la vez en su sitio web o blog. Identifica algunos de los más vendidos y de alta calidad que sean relevantes para tu audiencia y ve con ellos en lugar de llenar tus páginas con un millón de ofertas turbias.

2. Como alguien que busca ganarse la vida decentemente con el marketing de afiliación, necesitas identificar tres parámetros vitales mientras seleccionas los productos de información digital adecuados en Clickbank. Si la comisión del producto es inferior al 60%, puede que no merezca tu tiempo y esfuerzo. La mayoría de los productos de Clickbank se venden al por menor por unos 30$ a 70$. Esto significa que debe obtener un mínimo de $18 por venta. La red tiene varios productos que ofrecen un pago superior al

60% (algunos llegan hasta el 70% a 75%). Ten cuidado con estos productos, ya que son los que más probabilidades tienen de ganar.

Sin embargo, hay algunas excepciones a este principio. Algunos productos caros pueden ofrecer un pago del 50%. Es un producto de alto precio, el 50% sigue siendo mucho dinero. Evita ir por debajo del 50 %, ya que no vale la pena el esfuerzo que harás para promocionar el producto.

Otra excepción a esta regla son los productos por suscripción que vienen con facturas recurrentes, en los que el comercializador afiliado continúa haciendo una comisión cada vez que el comprador renueva sus servicios. Dado que las comisiones recurrentes van a hacerte ganar dinero cada vez que se renueve la suscripción, incluso una tasa de comisión inferior al 40% funciona.

3. El segundo atributo más importante para identificar productos rentables en Clickbank es el Rating de Gravedad del producto. Este es un ranking que se da a los productos informativos basado en lo bien que se venden por otros vendedores afiliados. Si un producto en particular presenta una clasificación considerablemente alta dentro de una semana

determinada, simplemente significa que varios vendedores están ganando dinero con él o que se está vendiendo como pan caliente. Estos son productos actualmente en demanda que puedes ir tras ellos.

Una vez más, una excepción a esta regla son los productos de información que están dentro de la categoría de marketing en Internet o que hacen dinero en línea. Lo que sucede es que la mayoría de los vendedores de Internet compran muchos productos a través de su propio enlace de afiliado. Esto les ayuda a conseguir estos productos a un precio reducido (considerando su comisión por ello). Esto puede inclinar las métricas hasta cierto punto.

Dicho esto, debes buscar productos que sean valiosos, relevantes y prometedores para tu público objetivo. La baja gravedad no se traduce necesariamente en bajos beneficios. El producto puede ser un producto nuevo y prometedor que no ha sido descubierto por muchos vendedores afiliados y tiene un potencial de ganancias decente con poca competencia. Puede ayudar a un producto desconocido pero valioso a subir en los rankings de popularidad.

4. ¿Cómo evalúa el potencial de rentabilidad, la credibilidad y la calidad de un producto? Navega por su

página de ventas. La copia de ventas del producto o servicio revelará mucho sobre la calidad del producto o servicio. Una copia de ventas honesta y profesionalmente escrita tiene el potencial de encubrir bien. Los ejemplares de venta que son una mezcla de lógica y emociones hacen bien en atraer a los lectores a probar el producto o servicio. Busque productos que tengan copias de ventas que sean ganadores seguros, ya que estos productos o servicios tienen más probabilidades de ser engullidos por su público objetivo.

Compare el ejemplar de venta del producto que ha elegido para promocionarlo con otros productos de la competencia de la misma categoría. Mira la copia de ventas de los productos de alto rendimiento en el nicho. ¿Cómo se compara la copia de ventas del producto que has elegido con la del más vendido? ¿Su producto o servicio ha llenado un vacío dejado por otros productos? ¿Tiene el producto un claro punto de venta único? ¿Es la copia de venta visualmente atractiva?

Punteros para elegir las ofertas correctas de CPA

La razón por la que muchos principiantes de internet o del marketing de afiliados comienzan con ofertas de CPA es que pueden ser extremadamente lucrativas. No hay necesidad de ninguna compra por parte del cliente. Todo lo que se requiere es ingresar algunos detalles para ganar una buena comisión a cambio de la información sobre un cliente potencial que ha ayudado a capturar al comerciante.

Por ejemplo, algunos comerciantes o empresas pueden necesitar capturar el nombre, el email y la dirección del cliente para enviarle alguna información, mientras que otros pueden pedirle que rellene un formulario en el que se indiquen sus requisitos. Cada vez que un usuario realiza una acción a través de su enlace de afiliado único, usted recibe un pago. Las plataformas de oferta de CPA más populares en Internet son Peerfly y Affiliate.

¿Cómo se eligen las ofertas de afiliación adecuadas? Aquí tienes una breve reseña:

1. Identifique las ofertas de CPA que pueden hacerle ganar al menos $1 por adquisición. Mantente alejado de las ofertas de pago de $0.20 porque a menos que consigas que un gran número de usuarios se inscriban en ellas, no valen la pena.

2. Las ofertas de conversión más fáciles y más altas son las ofertas de código postal, donde todo lo que se necesita por parte del usuario para que usted gane una comisión es ingresar un código postal existente. Estas ofertas son de alta conversión y pueden ayudarte a ganar comisiones decentes si se hacen inicialmente. Muchos vendedores por Internet recomiendan seguir adelante con las ofertas de CPA basadas en la salud para principiantes, ya que se sabe que convierten bastante bien.

3. Busca programas de CPA que ofrezcan canales de promoción sin restricciones. Algunos programas de afiliados tienen limitaciones sobre dónde y cómo pueden ser promovidos, lo que restringirá sus opciones. Por ejemplo, los programas que sólo pueden ser promocionados por email sólo funcionarán si tienes una lista de email considerablemente exhaustiva de usuarios de láser. Como recién llegado, mantente alejado de los programas que vienen con toneladas de cláusulas. Asegúrate de revisar cuidadosamente los términos y condiciones de cada programa que te inscribas para evitar problemas de cortejo más adelante.

Crear su sitio web

Lo primero que hay que hacer a la hora de crear un sitio web es contratar un servicio de alojamiento y un nombre de dominio (el nombre que sigue a www. para su sitio web o blog). Instale WordPress para experimentar con el aspecto del sitio. Navegue a través de los temas gratuitos, que son diseños pre-hechos. Además, también puedes invertir en un tema de WordPress premium pagado para darle un toque más elegante y profesional.

Llena tu sitio web o blog con contenido de alta calidad, rico y relevante, lo que proporciona un valor definitivo a tus clientes. Si hay varios sitios web o blogs operando en su nicho, dele un ángulo o trazo único para que sea único o altamente distinguible de otros blogs de la categoría. Adopte y desarrolle su propio estilo de blog. Por ejemplo, hay toneladas de blogs de padres y es posible que no tenga una oportunidad justa entre los blogs de padres populares ya existentes. Opte por un blog irónico o humorístico que ofrezca sabiduría y conocimientos a los padres de adolescentes con una voz más alegre. La idea es destacar o hacerse un hueco entre varios blogs o sitios web similares. Esta es probablemente la única manera de llamar la atención y atraer un enjambre de lectores.

Empieza con al menos diez entradas de blog ricas en información y a fondo. Si no puede crear sus propias entradas de blog, contrate los servicios de un escritor profesional independiente que pueda marcar la diferencia a la hora de hacer que su contenido pase de ser trivial a ser asombroso.

Promociona tu blog o página web

Hay múltiples maneras de comercializar o promover su blog o sitio web para atraer a un gran número de lectores enfocados e interesados. Además de seguir los consejos básicos de optimización de los motores de búsqueda, el sitio web y el blog pueden promocionarse a través del email, los canales de publicidad de pago y los medios de comunicación social.

Optimización del Motor de Búsqueda

Cuando los usuarios de Internet buscan activamente información sobre un tema o nicho determinado, escriben una serie de palabras y frases relacionadas con lo que buscan para obtener los detalles requeridos. El motor de búsqueda se encarga entonces de rastrear la Internet para obtener los resultados más pertinentes y apropiados sobre la base de las consultas de los usuarios. Así, se elabora una lista completa de resultados de búsqueda basada en las palabras y frases introducidas por el usuario.

Para facilitar la tarea de las arañas de los motores de búsqueda a la hora de localizar sus páginas, incluya palabras y frases clave en su contenido de forma estratégica. La optimización de sus páginas web para los motores de búsqueda ayudará a sus lectores objetivo a localizar sus páginas fácilmente, ayudándole así a construir un banco estable de lectores objetivo y leales, que buscan información sobre sus productos, servicios o nicho. Como vendedor afiliado, puede aprovechar esta necesidad para venderles los valiosos productos y servicios que satisfacen una necesidad. Mientras que hay muchos métodos pagados para atraer a los lectores a tu blog o sitio web, pocas cosas superan el poder de los métodos orgánicos como la optimización de los motores de búsqueda.

Clasificar en lo alto de un motor de búsqueda no sucede de la noche a la mañana. Es un proceso lento y complicado que a menudo está a merced de algoritmos de motores de búsqueda difíciles de entender. Cada motor de búsqueda tiene su propia y compleja métrica para determinar sus clasificaciones. Dicho esto, no se puede descartar la contribución de las búsquedas orgánicas al éxito general de su blog, ya que sigue siendo el lugar de origen de la mayoría de sus clientes objetivo e interesados. Además, es una fuente de tráfico libre.

Veamos algunos consejos de optimización de motores de búsqueda para mejorar el posicionamiento de su blog en los motores de búsqueda más populares:

- Asegúrate de que la etiqueta del título HTML de cada página web utilice un mínimo de 2 a 4 palabras clave importantes. No deben tener menos de 65 caracteres. También, evita palabras de relleno como "y", "a", y otras. Utilice etiquetas HTML H1, H2 y H3 para los encabezados. No omita la meta etiqueta (que será el título de su página web tal y como se muestra en los resultados de los motores de búsqueda) y la meta descripción (que será la descripción de su página web tal y como se muestra en los resultados de los motores de búsqueda). Es posible que no se vean en su sitio web o blog, pero sí en los resultados de los motores de búsqueda.

El meta título y la meta descripción dan a los usuarios un vistazo del contenido de su sitio o blog, dependiendo de lo que decidan si quieren visitar su sitio (así que mejor que sea impresionante). El meta título debe tener menos de 60 caracteres, mientras que la meta descripción no debe exceder los 160 caracteres.

Si tiene muchas listas en su blog o sitio, utilice la etiqueta OL o UL. Los usuarios podrán escanear el contenido de sus páginas rápidamente. Utilice palabras clave relevantes en lugar de atiborrar sus publicaciones con palabras clave irrelevantes e inapropiadas que no van con el tema o el nicho general. Utilice palabras y frases clave de forma natural como parte del contenido.

- Opta por un nombre de dominio relacionado con palabras clave sin hacer que parezca demasiado digno de spam. El nombre de dominio es tu identidad; debe ser corto, pegadizo y memorable. Mantén un equilibrio entre mantenerlo marcable y usar tu palabra clave más relevante. Debe ser fácil de recordar y deletrear para evitar cualquier confusión. Por ejemplo, ninja antienvejecimiento, gurú del blog, autoridad de viajes, etc. son algunos ejemplos en los que se crea un nombre de dominio marcable en torno a una palabra clave importante.

- Un consejo sólido para la optimización de los motores de búsqueda es vincular los artículos y los blogs dentro de su sitio web para impulsar la optimización en el sitio. Aumenta la adherencia de su sitio web, haciendo que los usuarios permanezcan más tiempo en el sitio o blog mientras navegan de una página a otra. Es una práctica fácil de usar que permite a los lectores acceder a la información rápidamente mientras se mejora la interfaz de su sitio afiliado.

- Utiliza muchos videos e imágenes para que el sitio esté más preparado para la búsqueda de imágenes y videos. A veces, la gente puede tropezar con su página mientras realiza una simple búsqueda en Google Imágenes. Para que lo encuentren en un motor de búsqueda, no olvide utilizar etiquetas alt para sus imágenes con una palabra clave apropiada que coincida con el contenido de su texto.

- No es un secreto que a los motores de búsqueda les encanta el contenido profundo, fresco y actualizado regularmente. Añade otras formas de contenido como vídeos de alta resolución, Gifs y gráficos, y listo. Sigue actualizando las entradas de tu blog de forma regular añadiendo contenido a las entradas antiguas del blog y realizando ediciones/cambios cuando sea necesario. Esto garantiza que las arañas de los motores de búsqueda sigan frecuentando sus páginas. Cuando actualiza el contenido de su sitio, las arañas notan los cambios y visitan sus páginas web una y otra vez, por lo que aparecen con frecuencia en las páginas de resultados de búsqueda.

- Utiliza palabras clave de larga duración para obtener las mejores clasificaciones en una palabra clave competitiva. Las palabras clave de larga distancia se dirigen a su público y le ayudan a obtener clasificaciones decentes incluso en una palabra clave bastante concurrida. Por ejemplo, las cafeterías baratas pueden no hacerte ganar una alta clasificación. Sin embargo, una palabra clave más detallada como "cafés baratos en Manhattan" aumentará sus posibilidades de conseguir una base de usuarios más orientada al aparecer en la parte superior de los resultados de búsqueda con una competencia mínima.

- Usted está dejando una gran parte del pastel de ganancias para sus competidores si no está optimizando su sitio o blog para los usuarios de teléfonos inteligentes. Más del 80% de todos los usuarios de Internet llevan un teléfono inteligente y casi la mitad de todo el tráfico de la web ahora viene de los dispositivos de mano. Utilice una plantilla optimizada de WordPress que sea compatible con los teléfonos móviles y otros dispositivos de mano. Los motores de búsqueda buscan múltiples factores en lo que respecta a la experiencia de navegación móvil, incluyendo la velocidad de navegación, la velocidad de descarga, la facilidad de uso de las páginas web, la compatibilidad con los navegadores web y mucho más.

Capítulo Cuatro: Blogueando tu Camino Hacia la Riqueza

Un blog es un sitio web personal, un diario en línea o un sitio de autoridad de actualizaciones donde puedes compartir información o tus experiencias con el mundo. Se puede utilizar desde todo, pasando por escribir sobre tus pasiones, hasta compartir las aventuras de las vacaciones o expresar tus pensamientos sobre diversos temas.

¿Cuáles son las diferentes formas de rentabilizar tu blog?

- Promover o recomendar productos y servicios de otras personas a través del marketing de afiliación.
- Usando banners y otros anuncios de pago.
- Creando y vendiendo sus propios productos de información.
- Construyendo su propia tienda de comercio electrónico.
- Mostrando publicidad a través de redes publicitarias como Google AdSense, donde ganas dinero cada vez que un visitante hace clic en tu anuncio.

- Escribir reseñas y publicaciones de información pagadas para varias marcas y empresas.
- Una de las formas más rentables de monetizar tu blog, que hoy en día se está convirtiendo en una especie de incendio forestal, es crear tu propia aplicación, programa de software y libros electrónicos. Si no puedes crearlos tú mismo, contrata a un experto para hacerlo. Sólo tienes que crearlo una vez y venderlo varias veces en tu blog para obtener beneficios lucrativos.

¿Cómo Construir un Blog?

Empezar un blog que genere ingresos es diferente a juntar un montón de entradas y rezar para que les vaya bien. Vayamos directamente a los hechos. Un estudio de Blogging.com descubrió que el 81% de los bloggers no ganan ni $100 con sus blogs. Ahora, esto habla más de la incapacidad de un blogger para aprovechar el medio de manera efectiva que el potencial del medio.

Como una plataforma de ingresos pasivos, el blogging tiene mucho potencial. Sólo tienes que aprender las cuerdas y usar el medio al máximo. Dirigir un blog como fuente de ingresos implica muchas cosas, desde identificar un nicho de ganancia de dinero hasta crear entradas de blog impresionantes, tener un plan de monetización claro y explotar nuevos métodos de generación de tráfico.

Pasos para Lanzar un Blog para Ganar Dinero

1. Elige una plataforma de blog

Para crear su propio blog, puede optar por un blog alojado o auto-alojado de forma independiente o por una plataforma de blogs gratuita. Aunque puedes, por supuesto, empezar con una plataforma gratuita, no lo recomendaría si te tomas en serio el blog como fuente de generación de ingresos. Por otro lado, si estás escribiendo un blog sólo por placer o para llegar a tu familia y amigos a través de tus publicaciones, por todos los medios, ve con una plataforma de blogs gratis.

No tendrá la misma ventaja con las plataformas de blogs gratuitos, que a menudo tienen nombres como yourblogname.blogspot.com o yourblogname.tumblr.com. Estas plataformas también vienen con su propio conjunto de políticas a las que tendrá que adherirse mientras utilice sus servicios gratuitos. La mayoría de las plataformas de blogs gratuitos le impiden mostrar anuncios en el blog o utilizar su blog para un objetivo comercial.

Para monetizar tu blog, utiliza una plataforma de blogs auto-alojada. Te dan más control sobre el contenido, la disposición y el diseño del blog. Obtendrá un nombre de dominio único, a diferencia de uno genérico en una plataforma de blogs gratuita. WordPress.org es la mejor opción, para empezar, si estás considerando una plataforma auto-alojada. Un plan de hospedaje web debería costarte entre $5 a 10$ al mes mientras que un dominio debería costarte alrededor de $10 a 15$ al año.

2. Inscripción de un nombre de dominio

Para lanzar un blog que genere dinero, necesitarás un nombre de dominio único, memorable, fácil de recordar, relevante y con marca. Una mezcla ideal es un dominio que incluya tu palabra clave principal junto con una palabra pegadiza para hacer que el dominio sea más atractivo para la marca. El nombre de dominio debe capturar la esencia de su sitio web y su blog. Debe comunicar a los lectores de qué se trata el blog rápidamente. Usted puede ser el propietario del nombre de dominio siempre y cuando se renueve mediante el pago de la cuota anual.

Siga las mismas reglas que hemos visto al comprar y vender un nombre de dominio. Use un nombre de dominio .com, el cual es muy usado. Aunque otras extensiones de dominio como .net, .org o un dominio geográficamente relevante. Hay muchas extensiones como .guru, .music u otros dominios similares para varias categorías de blogs. Sin embargo, .com sigue siendo la extensión más popular para un sitio web o un blog. Evite los guiones, puntos y otros caracteres especiales dentro de su nombre de dominio.

Aunque puede omitir los complementos que ofrecen los registradores de dominios, es posible que desee considerar la protección de la privacidad del dominio. Protege su información privada para que no pase al dominio público. Si no opta por la Protección de privacidad del dominio, cualquiera puede ver los detalles privados, como su número de contacto, dirección y otra información de un sitio web como whois.net.

3. Obtener una cuenta de alojamiento

Elija un servicio de hospedaje estable, confiable y de confianza que tenga un buen tiempo de funcionamiento constante junto con un servicio de atención al cliente de primera clase. La mayor parte del rendimiento de su blog dependerá de su velocidad, tiempo de descarga y funcionalidad, que se ve directamente afectada por su servicio de alojamiento. Mientras que algunos bloggers optan por mantener su nombre de dominio y alojamiento limitados a un solo proveedor de servicios, otros utilizan servicios diferentes para su alojamiento y nombre de dominio.

Sea muy juicioso al elegir su servicio de alojamiento, ya que los problemas relacionados con el tiempo de inactividad, la baja velocidad y la experiencia desfavorable del usuario casi siempre están relacionados con un servicio de alojamiento defectuoso. Busque revisiones y análisis exhaustivos y comparaciones detalladas de los distintos proveedores de servicios de hospedaje para elegir un servicio probado, comprobado y confiable.

4. Finalizar el diseño y la interfaz de un blog

Empieza por instalar un blog de WordPress si vas con una opción de auto-alojamiento. Recibirás un correo de confirmación de WordPress de tu anfitrión con respecto a la activación de tu cuenta. Inicia sesión en el panel de control del sitio. Es un proceso de un solo clic que no requiere mucho tiempo ni esfuerzo. Todo lo que necesitas hacer es hacer clic en "Instalar WordPress". Una vez que se haya hecho cargo de eso, seguirá cargando, y mostrará una notificación una vez que WordPress se haya instalado con éxito.

Una vez completada la instalación, el usuario recibe sus datos de inicio de sesión a través de un email acompañado de su URL de administrador para iniciar sesión con sus credenciales en el panel de administración. La URL de inicio de sesión del panel de administración se ve algo así – www.yourblogname.com/wp-admin. Aunque puede sonar un poco intimidante, es bastante fácil y directo cuando estás trabajando con él. Su fácil uso, flexibilidad y fácil proceso de instalación son precisamente lo que hace de WordPress una de las plataformas más buscadas por los bloggers novatos y experimentados.

A continuación, tendrás que seleccionar una plantilla de diseño, también conocida como tema para el blog. El diseño y la disposición del blog pueden cambiarse instalando nuevos temas con un solo clic. Hay un montón de temas personalizables, optimizados y de aspecto profesional que pueden dar el tan necesario aspecto atractivo y facilidad de uso a tu blog. Un sitio como Themeforest.net puede utilizarse para obtener temas de pago de primera calidad. Si desea un blog de aspecto más profesional y atractivo, elija un tema personalizado que sea apropiado para el nicho de su blog.

También puede utilizar plugins para sus blogs de WordPress, que no son más que herramientas de software que cumplen funciones específicas relacionadas con el funcionamiento del blog. Los plugins pueden utilizarse para incorporar formularios de contacto, eliminar el spam y optimizar el motor de búsqueda del blog. También se puede utilizar para añadir imágenes a las galerías de fotos y mucho más. Ahora tienes un blog de WordPress que se auto-alojó con un dominio único.

5. Identificar un nicho rentable

La mitad de tu batalla se gana cuando eliges un nicho gratificante y rentable. Aprovecha un nicho o un tema que no esté muy explorado pero que aún tenga una demanda decente. Redúcelo para que tus páginas aparezcan en búsquedas más relevantes y enfocadas.

Ve con un tema en el que tengas una competencia bastante establecida. Por ejemplo, usted ha estudiado salud y nutrición, y muchos quieren utilizar sus conocimientos para ayudar a los lectores a comer saludablemente o a perder peso. A veces los nuevos bloggers cometen el error de elegir temas en los que tienen competencia sobre temas que simplemente tienen una gran audiencia. Dejar que una gran audiencia o popularidad no sea el único criterio para seleccionar un nicho. Su falta de competencia o experiencia puede hacer que eventualmente sea una propuesta perdedora, especialmente de cara a la finalización.

Los lectores son lo suficientemente inteligentes como para distinguir a los bloggers conocedores de los que simplemente están en ello para ganar mucho dinero. Le resultará difícil seguir generando contenidos útiles, únicos y competitivos que no se encuentran en otros blogs similares. Por lo tanto, como blogger, ve con los temas en los que eres experto. Sin conocimiento y experiencia interna, seguirás repasando el contenido que ya está disponible en Internet y terminarás molestando a tus lectores. Elija un nicho en el que tenga una competencia probada superior a la media, lo que lo diferencia de los blogs de la competencia. Realmente no existe el concepto de un nicho mejor o perfecto. Sólo tienes que identificar algo en lo que tengas algún conocimiento, y que tenga una demanda considerable.

Hay múltiples ventajas de empezar un blog sobre un tema que te apasiona. Es menos probable que te rindas por aburrimiento o desmotivación. Recuerda que crear un blog son horas de crear contenido, de hacer una lluvia de ideas sobre los temas, de editar el contenido (puedes o no crear el contenido tú mismo), de subir las entradas del blog, de promocionar las entradas y mucho más. Estarás más motivado y entusiasmado con tus ideas si tienes un profundo interés o pasión por el tema. Esto resultará invariablemente en altas clasificaciones para las palabras clave de larga duración en los motores de búsqueda. Además, el contenido más largo y profundo es amado por los motores de búsqueda y también reúne más participaciones.

Un contenido bien redactado conduce a una métrica positiva de participación del usuario, lo que afecta directamente a su clasificación en los motores de búsqueda. En lugar de repasar siempre varios nichos, comience con un tema/un tema que le apasione y pase a la acción.

Hacer una Investigación de Palabras Clave Usando la Herramienta de Palabras Clave de Google

Si quieres que las páginas de tu blog aparezcan en búsquedas de usuarios relevantes y dirigidas, tienes que utilizar las palabras clave adecuadas (las palabras y frases que más se utilizan cuando tu público objetivo busca información, productos o servicios relacionados con el tema de tu blog).

Aunque la herramienta de palabras clave de Google se dirige fundamentalmente a sus anunciantes de AdWords, los bloggers también pueden obtener mucha información de ella. Es como una mina de oro de palabras clave en la que puedes excavar para encontrar muchas gemas ocultas.

Primero, ve a la herramienta de planificación de palabras clave de Google. Luego, configura tu cuenta de AdWords, que es necesaria si planeas usar la herramienta de palabras clave de Google. Introduce algunos detalles y crea una nueva cuenta de AdWords. Es un proceso sencillo que no debería llevar más de unos pocos minutos.

A continuación, acceda a su cuenta de AdWords una vez configurada y elija la opción "Planificador de palabras clave" en el menú "Herramientas".

Ahora, el Planificador de palabras clave ofrecerá tres tipos distintos de herramientas que pueden ayudarle a desenterrar palabras clave relacionadas con su nicho. Puedes ir con la opción "buscar nuevas palabras clave usando una frase, sitio web o categoría". Ingrese su nicho o categoría de blog junto con algunas palabras clave enfocadas relevantes para el blog o el nicho. A continuación, elija las opciones de "orientación".

Además, seleccione el idioma y el país al que desea dirigirse. Una vez más, para que sus búsquedas sean aún más precisas y relevantes, utilice filtros para descartar las palabras clave que no cumplan los criterios requeridos. Por ejemplo, es posible que no quiera palabras clave que tengan un volumen de búsqueda inferior a 3.000 búsquedas mensuales.

Una vez que haya introducido todos los detalles requeridos, seleccione "obtener ideas" y tendrá acceso a las palabras clave. Puede o no puede obtener muchas ideas de palabras clave. Sin embargo, aún podrá analizar el volumen de búsqueda de palabras clave relevantes a su nicho para determinar si es realmente un nicho rentable en el que vale la pena incursionar.

Una vez que obtenga la lista de palabras clave, cópiela y péguela dentro de la opción de búsqueda y obtenga el volumen de búsqueda de la misma haciendo clic en "Obtener volumen de búsqueda". Esto te ayuda a obtener una estimación del número de usuarios que están buscando activamente productos, servicios o información relacionada con estas palabras clave.

Un consejo profesional es evitar optimizar demasiado su blog al principio con demasiadas palabras clave. Esto se conoce como relleno de palabras clave por los motores de búsqueda y no ayuda a crear una impresión positiva sobre tu blog a los ojos de estos exigentes motores de búsqueda. Concéntrese en un contenido de alta calidad incorporando inicialmente unas pocas palabras clave en lugar de simplemente rellenar sus publicaciones con palabras clave para fines de clasificación. Recuerde, los humanos y no las arañas de los motores de búsqueda van a leer su contenido y ayudar a que se mueva. Debe ser redactado para humanos y no para los robots de los motores de búsqueda. Comienza con 5 a 7 palabras clave prometedoras, que tengan un volumen de búsqueda de más de 1.500/mes. Realmente no hay criterios o fórmulas fijas para elegir las palabras clave. A veces, incluso una palabra clave con un mísero volumen de búsqueda de 100 a 200 puede resultar rentable si tiene una audiencia de compradores muy orientada, que están a la mitad del ciclo de compra o ya han decidido comprar algo y simplemente están buscando algunas ofertas, tratos o comparaciones.

Un menor volumen de búsqueda no se traduce necesariamente en menores conversiones. Del mismo modo, las palabras clave con altos volúmenes de búsqueda no necesariamente se convierten en altas conversiones.

Una vez más, persiga las palabras clave de larga duración para disfrutar de un mayor posicionamiento en los motores de búsqueda y una audiencia más centrada, que esté realmente interesada en sus productos y servicios. Hay varias ventajas de ir con las palabras clave de larga distancia. Se enfrentará a una menor competencia, y reunirá una audiencia más enfocada. Por ejemplo, "remedios para las marcas de acné" puede que no le dé tanta ventaja como "remedios naturales/cocina para las marcas de acné". De nuevo, cuando se trata de productos, los nombres exactos de los productos pueden reunir una audiencia más enfocada que los nombres genéricos. Por ejemplo, "ABC 2 in 1 Rotisserie Grill 2016 model" está más dirigido que simplemente "asadores".

Escribir Posts de Blog, Los Lectores les encanta compartir

Crear tu blog y hacer una investigación de palabras clave es sólo la mitad del trabajo realizado. Ahora bien, para dirigir un blog que genere dinero, tienes que proponer temas ganadores para mantener a tus lectores cautivados. Las publicaciones épicas son la piedra angular de un blog ocupado que tiene muchos lectores y un gran número de seguidores. Un alto número de lectores y audiencia se traduce eventualmente en más dinero. El contenido bien redactado, presentado con habilidad y con una investigación competente gana muchas acciones sociales y lectores. La mediocridad es la mayor razón por la que la mayoría de los bloggers no ganan dinero con sus blogs. Puedes poner todo lo demás en su lugar, pero si no tienes un contenido impresionante, no hay manera de que tu audiencia regrese por más. Crea publicaciones inspiradoras, únicas y nunca antes vistas que tengan ángulos inexplorados y tu opinión individual sobre las cosas. Piensa en ideas para concentrarte en el contenido que a la gente le gusta compartir.

Como mencioné antes, a los usuarios de los medios sociales les encanta compartir contenido que los haga parecer más inteligentes y mejor informados. Mantén tus blogs atractivos, inteligentes y atractivos para que la gente se quede en tu blog. No sólo eso, sino que también deben ser impulsados a compartirlo mientras ganan su moneda social entre sus contactos.

Personalmente, me encanta usar aplicaciones como Evernote para anotar ideas para las entradas de los blogs. Créeme, estas ideas pueden aparecer en los lugares más insólitos, así que siempre ten tu aplicación o un bolígrafo y papel listos para anotarlas antes de que se pierdan. La inspiración puede venir en cualquier forma. Anota todas tus ideas en un lugar para una referencia posterior.

Otra súper estrategia para la lluvia de ideas es ir a keyowrdtool.io e introducir tu palabra clave principal o principal. No consideres el volumen de búsqueda aquí porque no estamos realizando una investigación de palabras clave. Todo lo que buscamos son ideas de temas de blogs. Por ejemplo, si tecleas "guía de viajes de Grecia" puede haber múltiples palabras clave asociadas al tema como "consejos de viaje a Grecia", "atracciones de viaje a Grecia", "estructuras griegas antiguas para visitar", "bares y clubes nocturnos de primera clase en Grecia", "estafas de viajes a Grecia" y así sucesivamente. Luego puede ser "Guía de viajes a Grecia para viajeros solitarios" o "Grecia con presupuesto para mochileros". ¿Entiendes lo que quiero decir?

Ahora, esto no es una investigación de palabras clave. Simplemente estás buscando ideas relacionadas con tu tema principal o palabra clave. Este consejo por sí solo puede ofrecerte un montón de ideas sobre temas de blogs. Una vez que empiezas a pensar en la dirección correcta, no es difícil encontrar entre 100 y

200 temas de blog, al principio, dependiendo de tu nicho. Comienza creando 10 a 20 entradas de blog.

Una vez más, una gema oculta que se puede utilizar maravillosamente para descubrir gemas ocultas en la función de autocompletar de Google. Habrás notado que cada vez que escribes un par de palabras en la barra de búsqueda de Google, te da algunas sugerencias o recomendaciones basadas en lo que cree que estás buscando. Genera muchas ideas y sugerencias utilizando la función de autocorrección de Google. Cada vez que introduzcas una palabra clave, Google mostrará una lista de sugerencias. Por ejemplo, escribe algo como "vacaciones" y te encontrarás con una serie de sugerencias como "consejos de embalaje para vacaciones", "ofertas de vacaciones para el Caribe", "seguros de viaje para vacaciones" y así sucesivamente. Profundiza en esto y hay un montón de temas para explorar. Además, puede haber una gran cantidad de entradas de blog de valor viral que pueden ser conectadas con el tema principal o la palabra clave. "Los 10 blogs de viajes más importantes", "30 ladrones de equipaje de los que nadie te ha hablado", "20 trabajos para nómadas independientes" o "40 consejos para viajar a cualquier parte del mundo con un presupuesto".

¿Por qué no aprovechar el poder de los medios sociales para desenterrar temas candentes y de moda relacionados con tu nicho? Puede ser tan fácil como entrar en un hashtag como #vacationnews #travelnews #travel #travelapps #vacations y más en Facebook y Twitter para disfrutar de la exposición a un montón de temas potencialmente ganadores. Lo más probable es que los temas populares y de moda relacionados con su nicho se conviertan en entradas de blog dignas de ser compartidas. Mira las imágenes, los tweets y las publicaciones de la gente para inspirarte.

Incluso un tweet tan simple como "Quiero conocer gente nueva de diferentes culturas mientras viajo por el mundo" puede inspirar una entrada de blog como "consejos valiosos para hacer amigos en tus viajes" o "cómo acercarse a extraños o encontrar una cita caliente en tus viajes" o "mitos sobre el viaje en solitario reventados". De nuevo, ¿tienes la idea correcta? Hay inspiración a tu alrededor. Simplemente busca lugares que otros no considerarían y te encontrarás con un campo minado de temas de blogs.

También encuentro revistas especializadas, diarios y publicaciones que son fuentes de ideas para los temas de los blogs. Tienen un montón de temas atractivos para impresionar a los lectores, en los que te puedes inspirar. Lo ideal sería encontrar temas que ofrezcan a sus lectores información que no sea demasiado común o que le den a un tema común un ángulo único al presentarlo. Por ejemplo, hay cientos de entradas de blog sobre "los 20 mejores bares de la ciudad de Nueva York". Aumentarás las posibilidades de que tu post sea leído y compartido si se te ocurre algo como: "¿Sabías de estos bares clandestinos secretos de la ciudad de Nueva York?"

Muchos bloggers populares usan el Generador de Temas de Hubspot para encontrar ideas de temas de blog geniales. Simplemente ingrese algunos sustantivos relacionados con el nicho o tema y la herramienta mostrará toneladas de sugerencias y recomendaciones. Si estás buscando temas que actualmente están disfrutando de una gran popularidad en los medios sociales, ve a BuzzSumo. Introduce tu tema y el sitio te mostrará una lista de las entradas del blog (relacionadas con tu tema) que han reunido la máxima participación social recientemente. Esto puede darte una buena idea del tipo de entradas que se están desempeñando bien viralmente dentro de tu nicho.

Otra mina de oro de ideas sobre temas que pocos bloggers y comercializadores de Internet consideran son los sitios de agregación de contenido como Quora,

Yahoo Answers y Reddit. La gente está buscando activamente respuestas a sus preguntas, desafíos y problemas aquí, lo que significa que puedes encontrar muchos temas ganadores de entradas de blog aquí. La gente que hace preguntas significa que están buscando activamente información o soluciones.

Llena esta necesidad, y sorprenderás a tu público objetivo. Por ejemplo, alguien puede publicar una pregunta sobre las "mejores aplicaciones para las personas que buscan orientación para invertir su dinero". Ta-da! Esto puede darte una idea para escribir una entrada de blog en profundidad sobre las mejores aplicaciones relacionadas con la inversión.

Tienes una entrada de blog lista para crear, como "las 20 mejores aplicaciones útiles para principiantes en inversiones" Todo está disponible al alcance de tu mano realmente, todo lo que necesitas es ser un poco ingenioso y buscar ideas frescas e inspiradoras. Sigue encontrando temas de blog interesantes, atractivos y frescos para mantener tu blog actualizado regularmente.

Consejos Probados de Generación de Tráfico para los Bloggers

Por supuesto, no querrás crear un blog de contenido bonito y de alta calidad sólo para ver cómo se convierte en una tierra fantasma que no tiene visitantes. Su oportunidad de obtener ingresos pasivos a largo plazo del blog es directamente proporcional al número de visitantes que lo visitan y, por consiguiente, a la tasa de conversión. ¡Es un juego de números al final del día! Cuanto mayor sea el número de personas que consiga atraer a su blog, mayores serán sus conversiones y, por consiguiente, los ingresos que obtenga del mismo.

Aquí están mis consejos ganadores para atraer un enjambre de visitantes a su sitio web o blog:

1. He mencionado algunos consejos en el capítulo anterior para optimizar las entradas y páginas de su blog en los motores de búsqueda. Incorpore su palabra clave principal dentro del título del blog. Utilice las etiquetas importantes h1, h2 y h3. A continuación, enlaza con las entradas internas del blog y no olvides utilizar texto alternativo para tus imágenes. Los meta-títulos y las descripciones son siempre una buena práctica de SEO. Evite el relleno de palabras clave. Tengan en cuenta todos estos consejos. Hay muchos

más aspectos de la optimización de los motores de búsqueda (que es un tema muy rápido) pero estos son buenos indicadores para empezar.

WordPress tiene un plugin llamado Yoast, que le informará sobre la optimización de las entradas de su blog y los cambios que puede hacer para que estas entradas sean más amigables para los motores de búsqueda. Cuida la optimización de los motores de búsqueda y aumentarás tus posibilidades de atraer mucho tráfico orgánico enfocado y relevante.

2. ¿Has oído hablar del blog de los invitados? Es una de las mejores maneras de ganar exposición y tracción no sólo entre tus seguidores sino también entre otros lectores y seguidores del blog. El blogging de invitados no es otra cosa que crear entradas excepcionalmente valiosas y de alta calidad para otros blogs y sitios web populares para aumentar su alcance y construir la reputación de un experto dentro del campo.

El alcance es una forma muy buscada de establecer contactos con otros bloggers y personas influyentes para aumentar su propia base de audiencia. Acérquese a los bloggers populares para tener oportunidades de hacer un blog invitado. Asegúrese de que las entradas que cree para estos blogs populares como blogger invitado sean de alta calidad, bien investigadas y detalladas, y que ofrezcan a los lectores un valioso aporte. Necesita crear una reputación autoritaria y creíble para usted mismo dentro de su industria o nicho. Las entradas de los blogs de invitados pueden ayudarte a presentarte como un experto en el campo. En la biografía del autor de tu artículo de invitado, puedes incluir información sobre ti mismo junto con un enlace a tu blog.

Invita a otros nombres conocidos dentro de tu nicho a escribir entradas de invitados para tu blog para aumentar el número de lectores del tuyo y del de su blog. Una vez que los bloggers conocidos dentro de la industria crean entradas de invitados para tu blog, lo más probable es que lo compartan en cuentas de medios sociales. Quiero decir, ¿quién no quiere presentarse como experto entre sus seguidores? Una vez que el enlace a un artículo de su blog se comparte en los medios sociales de un blogger conocido, puede obtener muchas visitas a la página y compartirla con sus seguidores. Esto ayuda a aumentar el tráfico de tu blog y las participaciones sociales.

Mucha gente pregunta sobre cómo acercarse a personas influyentes y autoridades dentro de un dominio. Puede ser tan simple como encontrar que los principales influenciadores en un género son con la ayuda de simples búsquedas en Twitter, Instagram y Facebook. Simplemente escriba el nombre del tema o la palabra clave principal, seguido de "persona influyente" para obtener una lista de las principales personas influyentes y autorizadas dentro de su industria.

A continuación, acérquese a estas personas influyentes redactando un correo bien escrito y profesional sobre cómo asociarse con ellas para su prometedor y próximo blog. Sé específico al felicitarlos, pero no hagas que parezca un halago. Idealmente, menciona un par de sus mensajes que hayas disfrutado leyendo y por qué. Esto puede decirles que los has estado siguiendo diligentemente y pueden ceder.

Hay varias comunidades de blogs como ProBlogger, donde puedes relacionarte con personas influyentes dentro de tu nicho e incluso promocionar las publicaciones de cada uno de ellos para una mayor audiencia. Si desea atraer la atención de un blogger o de una persona influyente dentro de su industria, deje comentarios informativos, factuales y perspicaces en sus entradas de blog. La mayoría de las veces tomarán nota de ello, y será más fácil acercarse a ellos como un seguidor/lector activo de su blog.

Si mencionas a una persona influyente en tu entrada del blog, no dejes de mencionarla o etiquetarla en una entrada de Facebook o en un Tweet mientras promocionas la entrada. De esta manera tu entrada será mostrada en su feed, dándote así la tan necesaria exposición.

3. Redadas de la industria. Hacer redadas de la industria es una de las formas más populares de ganar mucha exposición de los seguidores no sólo de uno sino de varios bloggers populares. Esta es una situación en la que todos los involucrados ganan. La forma en que funciona es que consigues que varios expertos en tu campo aparezcan en un valioso resumen en el que les haces una pregunta o les pides que compartan sus consejos, sugerencias o puntos de vista sobre algo que tus espectadores quieran saber.

Por ejemplo, si eres una belleza o un blogger, puedes preguntar a los expertos o a las personas influyentes de tu dominio su consejo número uno para mantener su piel joven y brillante. Por otra parte, si tu blog es sobre cómo hacer dinero en línea, es posible que desees preguntar a las personas influyentes y a los mercadotécnicos webs populares su consejo número uno de generación de tráfico. Todo el mundo quiere ser visto como un experto en su dominio ofreciendo información valiosa.

De nuevo, hay muchas posibilidades de que estos expertos compartan esta redada (en la que aparecen) en sus cuentas de medios sociales. Esto puede darte mucha exposición entre los seguidores de no sólo uno sino varios influenciadores. ¿Te imaginas tu alcance? Haz una lista de preguntas para las que tu público objetivo está buscando activamente respuestas o soluciones, y llena ese vacío planteando las preguntas a estos expertos.

4. Usar el poder de los sitios de agregación de contenido. Publica los enlaces de tu página de blog en los sitios de agregadores. Asegúrate de que no respondes a las preguntas de manera chapucera sólo para dejar un enlace de spam. Deja el enlace de tu blog sólo cuando hayas ayudado al usuario con alguna información útil, relevante y de alta calidad. Publique sus enlaces sólo si cree que el post del blog ayudará al usuario a obtener lo que busca o añadirá algún valor a lo que está buscando. Los sitios de agregadores de contenido tienen el potencial de ofrecerte mucho tráfico enfocado y dirigido si se usan bien. Sólo evita el spam con los enlaces de tu blog y lo harás bien. Además, asegúrate de que tus respuestas estén bien

investigadas, sean únicas y detalladas, y ofrezcan al usuario una solución práctica. Evita decir lo obvio o llenarla de pelusa sólo para introducir un enlace.

5. Crea una comunidad leal y seguidora. Ganar dinero con el blog no es simplemente reunir unos cuantos posts y empujar a la gente a los posts de tu blog. Necesitas crear un seguimiento leal y un sentimiento de comunidad muy unido entre los lectores para que sigan volviendo a por más. Cree un lugar en el que su público pueda interactuar entre sí, compartir sus pensamientos sobre temas específicos del blog y sentir un fuerte sentido de comunidad. Proporcióneles una plataforma más conversacional, atractiva, comunicativa e interactiva.

Aunque comentar las entradas del blog está bien, es una buena idea crear un grupo o comunidad en torno a algo que sea común entre sus lectores o que los reúna. Consiga que estos usuarios sean más interactivos construyendo un grupo en Facebook. Su público puede publicar sus problemas; buscar sugerencias, compartir experiencias y más relacionado con el nicho. Por ejemplo, digamos que su nicho es sobre la crianza de los hijos, puede crear grupos para madres primerizas o padres solteros donde su público pueda discutir los desafíos y consejos relacionados con las mejores prácticas de crianza. Asegúrese de crear reglas para mantener los estándares y el decoro de la comunidad.

6. Participe activamente en los medios de comunicación social. Crear un contenido impresionante y esperar que su público encuentre de alguna manera que usted es equivalente a quedarse en casa sin conexión a Internet y rezar para que su alma gemela lo encuentre de alguna manera. No funciona de esta manera. Tienes que colocar tu contenido donde tu público objetivo es probable que lo encuentre. Sé más proactivo cuando se trata de conducir un enjambre de lectores a tu blog utilizando técnicas de generación de tráfico ingeniosas y creativas. Utiliza múltiples técnicas y prueba una que te funcione bien analizando los resultados de tu tráfico de diferentes fuentes. Luego, aumenta las técnicas que funcionan.

Calcule qué canal de medios sociales puede darle la mejor tracción basándose en la naturaleza de su nicho y el formato del contenido. Por ejemplo, Twitter puede ser maravilloso para incluir citas pegadizas y rápidas de tu entrada en el blog junto con un enlace al blog. Plataformas como Pinterest e Instagram pueden funcionar bien para nichos con mayor inclinación gráfica. Facebook es bueno para publicaciones largas y detalladas en el blog que tienen el potencial de hacerse virales a través de varias acciones.

Un consejo que me gustaría compartir aquí si realmente quieres que los usuarios de los medios sociales se tomen la molestia de revisar las entradas de tu blog y dominar el arte de crear titulares llamativos e imposibles de ignorar. Mira los titulares de los sitios virales como ViralNova y Buzzfeed. Es virtualmente imposible ignorarlos y seguir adelante sin hacer clic en los enlaces. Debes ser capaz de despertar el interés y la curiosidad de tu lector a través de los titulares. Sin embargo, también hay que tener en cuenta que el contenido coincide con sus elevados titulares. No entregue un pavo después de prometer un artículo de alta calidad.

Algunos comerciantes de Internet descubren que al publicar una cierta cantidad de entradas de blog cada semana aumentan su tráfico en un porcentaje considerable. Calcule su número ideal de entradas y aténgase a él una vez que descubra el número de entradas semanales que le dan la máxima tracción. Cuando decidas ampliarlo, aumenta el número de entradas del blog.

7. ¿Sabías que YouTube envía el mayor número de audiencia de medios sociales enfocados y comprometidos entre todo el lote de medios sociales? Si no usas el poder de YouTube, puedes perder mucho dinero. Graba videos de alta calidad, atractivos, relevantes, entretenidos e informativos para dirigir el tráfico a tu sitio web o blog.

8. Si desea anunciar su sitio web o blog en un blog popular, en lugar de pagarles fuertes tarifas de publicidad, participe en el intercambio de banners. Es posible que haya blogs que complementen su blog, en los que tanto usted como el otro blogger puedan beneficiarse de un intercambio de banners sin gastar dinero. Por ejemplo, si le permiten tener un blog de viajes, puede intercambiar los anuncios de banner con el seguro de viaje o el blog de la cámara digital.

9. No pases por alto el poder de construir tu propia lista. Tu lista es tu riqueza. Cuando dependes de Google o Facebook para una parte importante de tu tráfico o fuente de ingresos, estás a merced de sus políticas y reglamentos que fluctúan constantemente. Con una actualización o cambio de política, puedes perder tu fuente de ingresos de la noche a la mañana. Esto no es para asustarte. Sin embargo, su lista de

email es algo sobre lo que usted tiene completo control.

Usando los detalles de su público objetivo, puede seguir enviando enlaces a nuevas publicaciones, boletines, ofertas de ventas y mucho más. Esto puede generar muchas visitas y compras repetidas y, en última instancia, un seguimiento leal. Utilice un software de suscripción que permita a los visitantes suscribirse a sus boletines o a futuras actualizaciones/comunicaciones. Un buen consejo para aumentar su participación es regalar regalos como un libro electrónico lleno de información que no encontrarán en ningún otro sitio, un informe breve, una lista de control práctica o un curso.

Esto sirve para un propósito de doble sentido. Te establece como una autoridad en tu dominio y a la vez te da acceso a sus detalles para futuras comunicaciones. Por otra parte, puedes incluir un Llamado a la Acción en tu página de Facebook para que tus lectores/seguidores tomen medidas. Utiliza una aplicación como Rafflecopter para crear sorteos, concursos y regalos en los que esos lectores puedan participar después de rellenar detalles como su nombre y dirección de email.

Capítulo Cinco: Envío Directo en Amazon FBA

El envío directo es una de las formas más fáciles y rentables de generar ingresos pasivos en línea. Debido a sus bajos costos de inicio, su flexibilidad y su fácil configuración, muchos empresarios en ciernes prefieren este modelo de negocio. Para empezar, no se requiere espacio físico para almacenar los productos. Luego, no es necesario mantener un inventario de productos en espera de ser vendidos. Por supuesto, Amazon FBA (Fulfillment by Amazon) necesita una inversión inicial. Sin embargo, si usted va para otros servicios de envío, puede que no haya una inversión inicial. Todo lo que necesita hacer es obtener los pedidos de los clientes, reenviar estos pedidos a su compañía de envío directo, y dejar que ellos se encarguen del resto (incluyendo el envío, la entrega, el manejo de la transacción y más). Tanto usted como la compañía de envío directo obtienen beneficios de la venta. Usted obtiene sus productos a un precio más bajo de la compañía de envío y determina el precio al que desea venderlos, teniendo así un control completo sobre sus ganancias.

Sin embargo, hay varias ventajas al suscribirse al plan FBA de Amazon, ya que el alcance y la exposición que ofrece el minorista es incomparable con la mayoría de las plataformas. La belleza del modelo de negocio FBA de Amazon es que se puede empezar desde casi cualquier lugar sin tener que mantener un inventario de productos. Amazon hará todo, desde el almacenamiento de sus productos en su almacén hasta la entrega a los clientes. Y lo que es más... También se encargará de la atención al cliente.

Aunque Amazon FBA es una forma sencilla, flexible y conveniente de empezar, no es de ninguna manera un modelo de negocio rápido y enriquecedor. Tendrá que dedicar mucho tiempo a investigar las categorías de productos más populares para identificar los productos que se venden bien. Luego, está la tarea de encontrar proveedores rentables y fijar los costos de compra.

Sin embargo, una vez que el sistema está en marcha, puede ser un proceso completamente automatizado en el que no tienes que hacer mucho más que probablemente promocionar tus productos. Todo es manejado por Amazon.

Estrategias Probadas y Comprobadas para Identificar Productos Populares

Para empezar, busque gangas y ofertas masivas en productos disponibles localmente en su vecindario o ciudad. Mídelos con los productos ya listados en Amazon. ¿Tienen sus productos el potencial de superar a los productos de la competencia en términos de precio, calidad, singularidad o cualquier otro factor? Compruebe si productos similares se venden bien. Un buen punto de referencia es la compilación de los Bestsellers de Amazon. ¿A qué precio puede vender el producto? Como regla general, un rango de producto inferior a 1.000 es una categoría más amplia, lo que significa que el producto se está vendiendo bastante bien y puede ser considerado para las ventas.

Una estrategia inteligente es registrarse en los boletines de los mayoristas o estar en la lista de correo de tiendas como Ikea. Recibirás toneladas de ofertas especiales, descuentos y promociones simplemente yendo a su sitio web. Si hay un descuento disponible durante un período limitado en artículos que tienen una demanda razonable, cómpralos al por mayor para mantenerlo en tu inventario. Puedes vender los productos para obtener bonitas ganancias más adelante. Asegúrate de tener en cuenta los honorarios de Amazon al determinar el precio de venta final del producto.

Los productos de marca privada también son populares entre los vendedores de Amazon FBA. Básicamente, usted encuentra fabricantes o proveedores mayoristas de los cuales puede obtener productos de alta calidad y en demanda a granel. Estos productos se venden entonces bajo su marca o etiqueta privada. Usted se posiciona como el fabricante del producto sin pasar por el proceso de crearlo por su cuenta.

La Inversión Requerida para Amazon FBA

Necesitas invertir algo de dinero para construir un inventario de productos en Amazon FBA, a diferencia de los envíos tradicionales. Aparte del costo de la compra de sus productos, puede que tenga que pagar los gastos de envío. Luego puede haber una tarifa de remisión, algunos cargos de suscripción y cargos de almacenamiento de inventario. Ingrese todos los honorarios y gastos en los que probablemente incurra en la calculadora de FBA para que le sugiera el precio de venta ideal.

Empiece por lo pequeño si no está seguro de la demanda y la respuesta a sus productos sólo para probar el mercado de compradores. Si simplemente está probando el modelo de negocios de la FBA o planea vender productos de alto precio en cantidades más pequeñas, puede optar por la opción de suscripción de $0.99 por transacción. Esta opción puede utilizarse para un máximo de 40 productos cada mes. Sin embargo, si planea vender productos de bajo precio en grandes volúmenes para obtener una ganancia, entonces puede tener sentido optar por el cargo mensual de $39.99. La cuota de suscripción mensual también da acceso a los informes comerciales.

Capítulo Seis: Construir Ingresos Pasivos con los Cursos de Udemy

Este es otro modelo de negocio de ingresos súper pasivos en el que se crea un producto una vez y se sigue ganando con él varias veces. Establecer canales para obtener ingresos recurrentes es el secreto para crear ingresos pasivos a largo plazo. Udemy es una de las plataformas más fiables y populares para las personas que buscan ganar con sus habilidades. Hay cursos de todo tipo, desde cómo leer las cartas del tarot, a tocar la guitarra o ser un entrenador de vida. Si eres un blogger establecido o una autoridad en tu dominio, estos cursos también se pueden vender a través de tus propios blogs o páginas de medios sociales. Sin embargo, para los principiantes, que aún no han construido un flujo constante de seguidores leales, Udemy es probablemente un buen lugar para empezar.

1. Elija un tema

No hay que pensar que debes tener un conocimiento o experiencia justa en algo si quieres ganar dinero creando un curso a su alrededor. Usa todas tus calificaciones educativas, certificaciones, talentos y experiencias para presentarte como un experto en el campo. Todos nosotros tenemos dominio sobre algunos temas o habilidades. Puede ser cualquier cosa, desde la cocina italiana hasta la decoración floral. Sólo escoge un tema que te apasione o en el que tengas una experiencia establecida, y estarás listo. Por ejemplo, digamos que estudiaste un tema como sociología a nivel universitario. Puedes crear temas sobre las relaciones sociales o interpersonales como "La creación de redes con la gente es una reunión social de negocios" o "ser el ninja de citas definitivo". Mantén el tema relevante a tu área de especialización, educación y experiencia, lo que te ofrecerá una ventaja sobre los demás.

La investigación es crítica para el proceso de armar un curso. Si no puedes hacer una investigación exhaustiva por ti mismo, contrata a alguien para que lo haga en tu nombre. Recuerde que el curso debe ofrecer a los estudiantes información de alto valor, no contenido basura, que puede ser obtenida de Internet. Si esperas que la gente pague por aprender algo, es mejor que les ofrezca una propuesta de valor única que no se puede encontrar en otro lugar. Haga su curso completo, en profundidad y, único en su clase.

2. Haz el curso

Udemy es fácil de usar y la plataforma sencilla, incluso si no tienes ninguna experiencia previa en la venta de cursos virtuales. Regístrese como instructor en Udemy siguiendo sus instrucciones. Empieza por crear un esquema de lo que exactamente planeas enseñar antes de subir tu curso o videos de entrenamiento. Es útil poner un título o etiqueta a cada sección (no la numeres) y luego barajar su orden lógicamente una vez que completes la creación de todos los videos. Los entrenadores a menudo terminan moviéndose alrededor de la secuencia con una fácil opción de arrastrar y soltar, por lo que es mejor no numerarlos.

Un error que cometen muchos creadores de cursos es recapturar los mismos módulos o incluir contenido de relleno, lo que los hace ineficaces. Además, evita pasar mucho tiempo introduciendo varios módulos. La mayoría de la gente ve todos los videos en un día o dos, lo que significa que no necesitan demasiada recapitulación y son capaces de elegir partes y detalles que son importantes para ellos.

3. Graba tus videos

Necesitas un lugar tranquilo y sin distracciones para grabar un vídeo, preferiblemente con un fondo de pared blanco. Utilice una cámara web de alta calidad con el fin de grabar el vídeo de su curso de Udemy. Tanto Logitech como el Blue Yeti tienen una imagen y un sonido claro. Tendrás que educarte sobre los aspectos más finos de la grabación y edición de vídeos. Hay aplicaciones como Movie Maker, que se pueden usar para hacer tus propios videos de cursos efectivos.

4. Comercializar el curso como un profesional

Bastante similar a otras técnicas de ingresos virtuales, esto puede ser tan simple o desafiante como quieras que sea. Lo que pasa con Udemy es que promueve los cursos que ya van bien o que están en la cima dentro de varias secciones. Esto es un poco de un círculo de nunca, lo que significa que tu curso no estará realmente entre los cursos de mayor rango o agresivamente promovidos si no se comercializa bien por ti, para empezar.

Esto simplemente significa que usted mismo tendrá que asumir los primeros esfuerzos de promoción y comercialización para obtener un mínimo de 50 a 100 inscripciones para el curso, mientras que también embolsar algunas revisiones para dar a sus esfuerzos de promoción un impulso decente. Estos cursos pueden ser organizados en sitios web de cupones o foros especializados.

Distribuya el curso gratis entre su círculo social o láncelo a un precio reducido. Crea un ruido útil a su alrededor y hazlo más accesible a la gente a precios de descuento al principio, cuando realmente no tienes ninguna venta o reseñas para validar su calidad. Insta a los contactos sociales y a los miembros de la familia a que dejen atrás las críticas favorables.

Si puedes, crea un canal en YouTube para promocionar el curso. Incluya un video promocional atractivo y convincente para su curso. No olvides incluir un enlace al final del video. Que sea corto, impactante e informativo. Deje que despierte el apetito de su público objetivo sin satisfacer su hambre. ¿Qué puede incluir en este video? Todo, desde los objetivos primarios del curso hasta lo que los alumnos pueden retomar del curso, pasando por las reseñas y testimonios de los estudiantes.

A veces, la gente me pregunta por qué alguien estaría dispuesto a pagar por una información que está disponible en Internet con un poco de investigación. Esto es cierto para los libros electrónicos, cursos y otros productos informativos. La cosa es que a veces la gente no tiene el tiempo, la inclinación o la energía para buscar entre toneladas de información errática de múltiples fuentes. Si eres capaz de ofrecerles todo lo que necesitan saber en un formato fácil de leer/seguir de una manera clara y visualmente agradable, estarán más que dispuestos a pagar por ello. El tiempo es dinero y cualquier cosa que ayude a la gente a ahorrar tiempo vale la pena desde su perspectiva.

Crear guías que resuelvan los problemas de la gente o que cubran una necesidad clara y estarán más que dispuestos a pagar por ello. Investigue y cree el contenido en un formato fácilmente digerible para ahorrar el tiempo y el esfuerzo de sus usuarios. Todo debería estar disponible al alcance de sus dedos. Una vez que la gente esté convencida de que toda la información que busca está fácilmente disponible en un formato de fácil comprensión y acceso, se venderá.

Utilice herramientas como el Planificador de Palabras Clave de Google para investigar las palabras clave más apropiadas y populares para el curso, para asegurarse de que la página de destino del curso esté optimizada para las búsquedas. Las personas que buscan activamente aprender habilidades o información relacionada con lo que usted ofrece deben poder localizarlo fácilmente. Elija palabras clave que se puedan convertir fácilmente y que no tengan mucha competencia (pero que sigan siendo bastante populares) sobre las de las búsquedas altas.

Veamos un ejemplo para entender esto. Algo como ejercicios para perder peso puede tener un volumen extremadamente alto de búsquedas ya que hay muchas personas que buscan perder peso. Sin embargo, cuando se dice algo como "ejercicios cardiovasculares para perder peso" o "ejercicios de pérdida de peso de 5 minutos para los que están presionados por el tiempo", las posibilidades de conversión son automáticamente mayores porque se está apuntando a una base de usuarios más reducida que ya está buscando información muy específica y concreta. Puede que ya estén a la mitad del ciclo de compra. Es posible que estas personas ya se hayan decidido a inscribirse en un curso específico y que necesiten un poco de convencimiento para actuar a su favor. Pueden estar buscando revisiones o contenidos de cursos. El uso de palabras clave orientadas a la acción es una estrategia sensata porque ayuda a exponer su página a personas que ya están a la mitad del ciclo de toma de acción.

Una vez que usted es testigo de un flujo constante de tráfico, Udemy sigue el ejemplo y comienza a promover el curso. Esto ayuda a impulsar su esfuerzo de construcción de tráfico orgánico. Este tráfico puede aumentar su potencial de beneficio considerablemente sin mucho esfuerzo de su parte. Por lo tanto, ayuda a comercializar el curso agresivamente por su cuenta al principio para captar la atención de Udemy y ganar su muy necesaria palanca para la comercialización tardía y los esfuerzos de promoción.

De nuevo es un juego de números. Cuantos más cursos haya listado en Udemy, mayores son sus posibilidades de convertirlo en una fuente de ingresos rentable y gratificante.

5. Construir un plan de ingresos completo y a largo plazo

Este puede no ser el mejor lugar para comenzar si está buscando construir un negocio de ingresos pasivos en línea a tiempo completo. Sin embargo, es una buena fuente secundaria de ingresos hasta que te conviertas en un creador de cursos establecido con varios millones de seguidores y estudiantes que juran por tus cursos. En la medida de lo posible, tenga el control o intente ganar la propiedad de sus empresas sobrevendiendo en plataformas de terceros. Por supuesto, cuando eres un novato que busca hincarle el diente al gran y malvado mundo de la creación de dinero en línea, necesitarás estas plataformas por su popularidad y su enorme base de usuarios. Sin embargo, al final del día, estarás sujeto a sus políticas, regulaciones y cambios repentinos. Retén el mayor control posible sobre tus ganancias y negocios vendiendo en tu propia plataforma.

Udemy también puede conseguirte muchos clientes anteriores mientras te hace un nombre conocido dentro de tu campo. Una vez que construyas una reputación establecida, considera la posibilidad de crear cursos en tus propios sitios web junto con programas de membresía y suscripciones únicas (donde puedes obtener ingresos recurrentes cada vez que el usuario renueve su suscripción). Hay muchos formatos de contenido para la formación, incluyendo podcasts y Facebook en vivo (que está disponible incluso después de haber terminado la formación en vivo).

Un consejo profesional para popularizar sus cursos en Udemy es crear y publicar cursos gratuitos en Udemy y al mismo tiempo promocionar sus productos/servicios en la sección de bonos según las directrices de la plataforma. Los usuarios también pueden construir sus propios blogs o sitios web y crear atractivos teasers de sus cursos Udemy para guiar a los visitantes interesados en el sitio web de Udemy para comprar el curso completo. Si quieres que vuelvan a tu página web o blog, utiliza la sección de bonos. Por otra parte, algunos creadores de cursos tienen sus cursos publicados en su blog/sitio web y en Udemy (que se convierte en una fuente de ingresos secundaria). Se puede ganar mucho dinero impartiendo formación en línea. Tienes que ser creativo y tener los recursos suficientes para aprovecharlo.

Capítulo Siete: Hazte Rico en Dominios de Cambio

Poseer dominios en Internet es como poseer una propiedad inmobiliaria. Piense en ellos como propiedades virtuales que pueden ser compradas a un precio particular y luego vendidas a un precio más alto para obtener ricas ganancias. Si se hace correctamente, el cambio de dominio puede generar muchos ingresos pasivos. Aquí hay una guía detallada para ganar dinero cambiando los dominios de Internet.

Probablemente nunca has usado Fb.com para entrar en la red social de Facebook. Sin embargo, eso no impidió que Facebook comprara el dominio por un principesco de $8,5 millones sólo para que nadie pueda usarlo. Ahora, sé que la mayoría de los dominios no valen esa cantidad y esto es sólo el extremo del espectro. El punto aquí es que la compra y venta de dominios puede ser un negocio increíblemente rentable que puede ayudarte a obtener beneficios inimaginables sin hacer mucho. Mira los sitios de negocios y de cambio de dominios y encontrarás dominios prometedores vendiéndose a precios ridículos. Algunas personas se ganan la vida cómodamente sólo con la compra de dominios. Para ser un maestro en el juego, tienes que recoger rápidamente los dominios prometedores (te diré lo que hace que un dominio sea prometedor más adelante en el capítulo) y donde se puede vender por un beneficio decente.

Identificación y Exploración de Dominios Valiosos

Un nombre de dominio decente es aquel que tiene el potencial de ayudar a un negocio a crecer. Si consideras algunos de los dominios más vendidos, encontrarás algunos atributos comunes. En la mayoría de los casos, los dominios son cortos, únicos, memorables, de marca, relevantes y fáciles de recordar y limitados a una sola palabra. Los dominios de una sola palabra son generalmente ideales ya que tienen un alto valor de recuerdo y son más sencillos de escribir. A la gente le resulta más fácil compartir el tipo y memorizar los dominios de una sola palabra.

Preferentemente, utilice la opción .com. Aunque hoy en día existen múltiples opciones de extensión, el .com sigue siendo la extensión más popular porque cuando la gente piensa en acceder a un sitio en Internet, por defecto piensa en él como XYZ (nombre del sitio).com. En lo que respecta a la rentabilidad de la inversión de los dominios, el .com casi siempre se prefiere a otras extensiones. Es simplemente una cuestión de fluidez cognitiva. Ya sea que usted piense que es aburrido o no, las extensiones .com siguen siendo las más reconocidas y conocidas de todas las extensiones. Si el dominio .com no está disponible para un nombre de dominio específico, intente poner sus manos en un dominio .co o .net. También puede utilizar extensiones de dominio geográficamente relevantes como .co.uk para el Reino Unido o .ca para el Canadá. Esto tiene valor para las empresas que son locales de esos países, lo que significa que puede terminar limitando su mercado a menos que esté seguro de que las empresas del Reino Unido o Canadá estarán dispuestas a pagar una prima por estos nombres de dominio o que tenga un alto valor para una empresa local.

Tenga en cuenta que un nombre de dominio es útil para las empresas sólo si les ayuda a conseguir nuevos clientes, lectores o espectadores. Debe ayudarles a atraer a nuevos miembros de su público objetivo. Los dominios premium son generalmente coincidencias exactas o casi exactas de los términos comunes utilizados por la gente cuando busca información relacionada en los motores de búsqueda más populares. ¿Cómo se evalúa el volumen de búsqueda para identificar los dominios populares? Utiliza la herramienta de palabras clave de Google.

Otro criterio importante que tiene mucho peso a la hora de determinar el valor de un nombre de dominio es su edad. Los motores de búsqueda buscan la edad de un dominio como uno de sus criterios de clasificación. Cuanto más antiguo o más viejo sea el nombre de dominio, más valioso se cree que es. Los nombres de dominio pueden encontrarse en sitios de registro de dominios como GoDaddy y NameCheap.

Recuerde que debe mantenerse alejado de los dominios que tienen guiones o números en ellos, que le quitan su cociente de marca. Tales dominios apenas tienen valor de recuerdo o atractivo memorable. Por ejemplo, hay una gran diferencia entre freshvegetables.com y fresh-vegetables.com o freshvegtables054.com.

Además, se podría pensar que falsificar una marca popular o un nombre de dominio de una celebridad puede ser muy rentable. Por ejemplo, digamos una variación de Cola-Cola. Sin embargo, esto puede calificarse como una violación de los derechos de autor, lo que puede llevar a una batalla legal masiva. Si tiene la más mínima duda sobre ciertos dominios, hable con un profesional del derecho antes de seguir adelante para evitar futuros problemas. Además, es posible que algunos dominios hayan sido penalizados por Google con anterioridad, lo que reduce significativamente el valor de un dominio.

Venta de Dominios

Después de comprar un nombre de dominio de alto valor, es posible que desee venderlo por un alto beneficio a personas que obtendrían un valor real de él. Hay varios sitios web que le permiten listar los dominios a cambio de un porcentaje de la venta. Estos son sitios de arbitraje como Flippa. Flippa es una de las plataformas más populares y establecidas para la compra y venta de dominios. Es un mercado ampliamente reconocido, donde se sabe que las ventas de dominios a menudo llegan a seis cifras.

Mantén expectativas realistas a la hora de vender tus dominios basadas en su valor y en el valor para el comprador potencial. Cada nombre de dominio (por muy prometedor que le parezca) no se vende por millones. Cada dominio tiene su propio potencial. Incluso si no vendes dominios a menudo, incluso una venta por valor de miles puede ayudarte a ganarte la vida de forma decente.

Ten paciencia, que es una virtud importante cuando se trata de ser un maestro del flipping de dominios. No vendas simplemente un dominio a un precio más alto del que has comprado. Conoce el verdadero valor de tu dominio, y aprende a especular si puedes conseguir más valor esperando y vendiéndolo después. No compres dominios al azar porque crees que puedes venderlos. Hay muchos factores involucrados en cada venta. El éxito no llega de la noche a la mañana. Te encontrarás con ambos: los dominios que nunca se venderán o los que son ganadores que no necesitan mucho esfuerzo para vender. Ten en cuenta que te llevará un tiempo dominar el juego.

Capítulo Ocho: Matar el Juego de la Renta Pasiva con Bienes Raíces

Si tienes suficiente dinero para invertir en bienes raíces, hay muchas maneras de hacer que ese dinero trabaje para ti. Hay múltiples maneras de hacer un ingreso pasivo de los bienes raíces, incluyendo la obtención de rentas de su propiedad y la venta de casas.

Cambiar de casa puede ser muy lucrativo y rentable, pero no es fácil. Uno necesita entender la dinámica del mercado inmobiliario, así como las tendencias cambiantes para sacarle el máximo provecho. Al igual que con la venta de dominios, hay que entender lo que vale la propiedad que se vende después de ser renovada o reparada. Implica cierta cantidad de especulación, investigación y comprensión del juego de números.

Aquí hay una guía paso a paso para invertir los bienes raíces:

1. Ponga su dinero en el vecindario correcto

Debes tener un conocimiento profundo del mercado en varios vecindarios antes de concentrarte en uno que parezca ideal desde el punto de vista de la inversión y que tenga mucho potencial. Puedes reparar la casa y hacerla impresionante; sin embargo, no puedes hacer mucho sobre su vecindario. Así que no se limite a mirar las casas que pueden ser transformadas. También busque vecindarios cuando se trata de evaluar y seleccionar una propiedad.

Algunas cosas que debe considerar son, ¿a cuánto se venden típicamente las casas en el vecindario? Además, ¿cuáles son los tipos de casas que son poco comunes en el vecindario? Por ejemplo, en un vecindario lleno de ranchos de tres dormitorios, una casa victoriana de cuatro dormitorios puede ser muy buscada, y por lo tanto tener un precio elevado. Puedes navegar a través de sitios web como Redfin y Zillow para obtener información sobre las últimas ventas.

Investigue las tendencias del mercado que probablemente influyan en los precios de las casas en el futuro. Es posible que tenga que hacer una investigación a fondo para determinar las cifras especulativas del precio de la propiedad el próximo año o después de los próximos dos años. Por ejemplo, digamos que un nuevo hotel se está construyendo en el vecindario, el cual está programado para ser contratado masivamente. Esto podría sugerir que los precios de alquiler podrían aumentar. Esto se traducirá en mayores alquileres entre las casas multifamiliares también. Conozca las tendencias del mercado en el vecindario en el que planea invertir su dinero.

Mientras investiga, puede encontrarse con mercados prometedores con un inventario inferior a los seis meses. Sin embargo, esto no es una indicación de factores como el inventario sombra, que puede estar presente en un vecindario específico. El vecindario puede tener una alta concentración de casas embargadas (lo que a su vez puede hacer bajar los precios).

Otro factor que puede plantear un problema a la hora de renovar o vender la casa puede ser un delito. Puede ser difícil encontrar compradores potenciales en un vecindario infestado por el delito. Opte por vecindarios más agradables, aunque puede ser difícil encontrar ofertas atractivas aquí. A largo plazo, ayuda a evitar el estrés, la angustia y la frustración.

2. Identificar la propiedad correcta

Una vez que se ha puesto a cero en el vecindario correcto, el siguiente paso implica identificar la propiedad correcta para reparar y cambiar. Revisa las referencias, el MLS, y los anuncios clasificados locales para identificar la reparación perfecta y dar cambio a los tratos.

Personalmente me gusta identificar las propiedades que valen la pena cambiar caminando o conduciendo por el vecindario para estar atento a las casas de vacaciones. A veces, los propietarios pueden estar atrasados en los pagos de sus hipotecas o listos para mudarse. De esta manera, puedes identificar varias casas que pueden darte una ganancia decente.

Otro consejo de valor es establecer una red de contactos con corredores, contratistas y otras conexiones relacionadas con los bienes raíces para obtener referencias sobre casas desocupadas que están a la venta. La cosa es que los agentes y profesionales de bienes raíces no siempre tienen el tiempo o las conexiones para vender casas de manera rentable. Pueden referirla a alguien con buena reputación por una pequeña cuota de búsqueda.

Usen el MLS o las plataformas de servicios de listados múltiples al máximo. El objetivo es vigilar las propiedades que comieron incorrectamente en la lista, en condiciones de deterioro, o que tienen un número menor de habitaciones en comparación con su superficie. Por ejemplo, una casa de 3.500 pies cuadrados con 2 dormitorios puede ser fácilmente transformada en una casa de 3 dormitorios. Esto puede ayudar a venderla a un precio mucho más alto.

El correo directo o el envío de cartas amarillas son buenas formas de comunicarse con los propietarios que pueden mostrar su voluntad de vender su casa a un precio reducido. Estas cartas a menudo se dejan en la puerta de casas de aspecto afligido. Generalmente es una nota más personal y escrita a mano que transmite a los compradores que usted está interesado en comprar la casa. Los propietarios de casas a punto de enfrentar una ejecución hipotecaria están a menudo desesperados por vender sus casas rápidamente. Ser puntual es la clave, ya que se trata de personas que buscan el mejor precio para deshacerse de las casas que están resultando ser una carga para ellos.

3. Elaborar el potencial después del valor de la renovación

Aquí es donde tus matemáticas entran en juego. Antes de comprar una casa para cambiar, debes determinar su ARV o después del valor de la reparación. La mejor manera de hacerlo es ver cuántas casas similares en el vecindario y recientemente se vendieron por. ¿Qué renovaciones planea realizar, y muchas tienen una casa con renovaciones similares y área vendida recientemente en el vecindario?

Recuerde que su objetivo no es sólo vender la vivienda a un precio superior al precio de compra, sino también superior al precio de compra y a los gastos de renovación. Luego hay muchas otras cuotas y costos involucrados como las cuotas de los contratistas. Use la regla del 70% como una aleta inteligente. Trate de mantener sus gastos dentro del 70% del valor anticipado de la casa después de la reparación. Cualquier cosa más que esto y el trato puede no valer el esfuerzo.

Entonces habrá gastos de mantenimiento. Digamos que la casa tarda de 6 a 8 meses en venderse desde el momento de la compra. Esto significa que también tendrás que ocuparte de los gastos relacionados con la propiedad, que pueden sumar los gastos. Todos estos gastos deben ser tenidos en cuenta a la hora de determinar el precio final de venta de la casa si quieres obtener un beneficio decente.

4. Evite estropearse en la inspección de la casa

Una vez que se ha concentrado en una casa que tiene un potencial de renovación considerable, necesitará servicios profesionales de inspección de casas. Aunque puede hacer la inspección de la casa usted mismo, es muy recomendable que contrate a un inspector con licencia para comprobar cualquier reparación o renovación importante. Gastar unos cientos de dólares en un inspector profesional de viviendas puede ayudarle a salvar el trato, lo que hace que la inversión valga la pena.

Algunos de los problemas más comunes son las grandes grietas en los cimientos, las chimeneas dañadas, el cableado eléctrico desgastado y los depósitos de aceite peligrosos para el medio ambiente.

5. Proyecto de financiación

¿Cómo va a financiar la casa y su proyecto de reparación? La mayoría de los prestamistas tradicionales no muestran interés en invertir en casas en malas condiciones, lo que hace difícil para los principiantes financiar estos proyectos de compra y reparación. Se pone peor si tienes un bajo patrimonio neto o una fuente inestable de ingresos independientes. Hay algunas otras opciones a considerar en tal escenario.

Los principiantes que se inician en la compra de casas o aquellos con un bajo puntaje crediticio pueden pedir prestado a prestamistas de dinero duro.Estos son grupos de prestamistas que prestan con el propósito de cambiar de casa. Son enormemente populares entre los aficionados al Home Fliping porque los prestamistas a menudo se centran en el valor de la propiedad después de la renovación en lugar de la puntuación crediticia, los ingresos o la experiencia del aficionado. Por otra parte, también puede conseguir un prestamista privado para financiar su proyecto. Para elegir a los prestamistas de mayor reputación, hable con los expertos en aletas para el hogar o busque los datos de contacto en un directorio nacional de renombre.

También puede optar por un préstamo bancario normal o por un proyecto de financiación inmobiliaria para financiar su proyecto de reparación y cambio. El crowdfunding normalmente implica un gran grupo de inversores donde puedes tener acceso al dinero inmediatamente. Mientras que los prestamistas de dinero y los prestamistas duros pueden liberar el dinero en un par de semanas, la financiación colectiva te libera el dinero sólo por un par de días.

6. Reunir el equipo

Trabajará estrechamente con mucha gente, incluyendo múltiples contratistas, inspectores, profesionales del derecho, tasadores y más durante sus proyectos de reparación y cambio. Ayuda a construir una fuerte red de relaciones con estas personas si planeas hacer del cambio de casas una fuente confiable de ingresos a largo plazo. Aunque pueda necesitar más de un contratista, encuentre uno que sea confiable, asequible y que entregue el trabajo de manera oportuna.

Esto significa que no tendrá que cambiar de contratista cada vez que emprenda un proyecto de reparación y cambio. Encuentre a alguien confiable, consciente del presupuesto y enfocado en producir trabajos de alta calidad. Además de un contratista general, puede necesitar varios otros contratistas como un plomero, un electricista, etc. Si se trata de su primer proyecto de cambio, puede obtener referencias de cambiadores existentes. Alternativamente, también puede pedir referencias de contratistas existentes. Por ejemplo, puede pedirle al plomero que le recomiende un electricista, ya que estos contratistas tienden a trabajar en muchos proyectos juntos y tienen una buena red.

Es una buena práctica hacer que el contratista le ponga al día al menos una o dos veces por semana.

También debe supervisar de cerca el trabajo de forma regular para asegurarse de que el trabajo se desarrolla según el calendario estipulado. No hay absolutamente ningún sustituto para esos recorridos de Home Depot en los que necesitas comprobar todo en persona. Sabrás exactamente cómo se ve algo en persona, y también puedes terminar consiguiendo algunas ofertas ganadoras. Si eres un novato, te recomiendo que busques los materiales revisándolos en persona en vez de comprarlos en línea.

Sin embargo, si tiene confianza y está de acuerdo con el contratista en cuanto a los materiales que debe utilizar, utilice este tiempo y esfuerzo para identificar su próximo trato.

Aunque algunas aletas pagan a sus contratistas semanalmente, es muy recomendable que les pague de acuerdo con los hitos alcanzados. Puede ser algo así como un depósito inicial, luego el siguiente pago una vez que los pisos estén colocados, seguido de un complemento de la cocina. Si opta por un préstamo duro, el prestamista generalmente liberará los fondos en base a las facturas de servicio del contratista presentadas.

Algunos de los trabajos de renovación más populares son la renovación de pisos. Esto puede impactar considerablemente en el precio y la demanda de una casa. También hay trabajos de azulejos en el baño y la cocina. Asumir el embellecimiento del presupuesto y las tareas de reparación como la adición de espejos, la sustitución de gabinetes, la adición de accesorios de baño de aspecto magnífico y el cambio de electrodomésticos de la cocina. Incluso pequeños cambios como estos pueden ser de gran ayuda cuando se trata de aumentar el retorno de la inversión. Si es tu primer proyecto, evita hacer grandes renovaciones a menos que estés seguro de que te ayudará a obtener beneficios lucrativos. Estos trabajos de renovación son rentables, relativamente fáciles y pueden mejorar la apariencia general de la casa. Agregar una habitación es otro trabajo de reparación popular cuando se trata de proyectos de cambiar y reparar. Aunque puede ser un asunto caro y que requiere mucho tiempo (es posible que también tenga que obtener los permisos necesarios), el trabajo puede terminar ofreciéndole un lucrativo retorno de la inversión.

La mayoría de los compradores de viviendas hoy en día prefieren los planes abiertos. Si hay habitaciones cerradas, puede tomar un proyecto de espacios cerrados abiertos para aumentar el valor de venta de la casa. Los sótanos pueden convertirse en espacios habitables. Aunque legalmente ciertas ciudades no permiten que el sótano sea llamado dormitorio, los compradores pueden usar el espacio adicional para una oficina en casa, una sala de entretenimiento o un cuarto de invitados.

7. Vender la casa

Existe un debate considerable sobre si los no agentes inmobiliarios deben vender la casa ellos mismos o contratar los servicios de un agente inmobiliario profesional. Hay muchas ventajas de contratar a un agente inmobiliario profesional, aunque la desventaja es que se va a comer su beneficio. A cambio de sus honorarios, los agentes inmobiliarios comercializarán agresivamente la casa dentro de su red de compradores y agentes inmobiliarios en el MLS.

Usted puede tener acceso a una mayor base de compradores e incluso obtener un precio de venta lucrativo en comparación con si usted va a vender la casa por su cuenta. Por lo tanto, los honorarios del agente de bienes raíces pueden valer la pena. Sin embargo, si usted está seguro de hacer la venta por sí mismo, seguir adelante con ella después de ejercer la debida precaución y asegurarse de que todo está en su lugar, especialmente si su propio primer proyecto de cambio.

Proceso Paso a Paso para la Inversión en Propiedades de Alquiler

1. Mantén un plan listo

Hay varios tipos de propiedades de alquiler disponibles en el mercado inmobiliario: casas unifamiliares, casas multifamiliares, propiedades comerciales, propiedades de alquiler de vacaciones, etc. Reduzca sus opciones basándose en las tendencias del mercado, las preferencias de los compradores y otros factores que determinan el valor de las propiedades en el vecindario de su elección. Por supuesto, no siempre tiene que apegarse a un solo tipo de propiedad, pero ayuda a reducirlo y concentrarse en un tipo al principio. Lea libros sobre inversiones de alquiler, escuche podcasts informativos y obtenga consejos de otros inversores de alquiler.

2. Elija su mercado

Uno no necesita invertir en su vecindario, pero ayuda cuando se está empezando. Dependiendo de su plan, objetivos financieros y tendencias del mercado, también puede querer invertir en una propiedad lejos de su lugar de residencia. Por ejemplo, si usted vive en la región del centro de la ciudad, puede que no tenga sentido invertir fuertemente en una casa del centro de la ciudad si no tiene los fondos de inversión necesarios. En tal caso, una casa en un suburbio familiar y próximo puede ser su mejor opción.

Defina su mercado. ¿A qué tipo de inquilinos se dirige? ¿Cuáles son las áreas en las que la gente disfruta viviendo? ¿Dónde es probable que aumenten los precios de las propiedades de alquiler? ¿Qué áreas tienen bajos índices de criminalidad? ¿Qué propiedades están de moda entre los turistas y los vacacionistas? Hable con agentes inmobiliarios, residentes locales, y dueños de negocios y administradores de propiedades e inversionistas para tener una buena idea del mercado de propiedades en el área que usted ha reducido a cero.

3. Reunir un equipo efectivo

Para ser un exitoso inversionista de alquiler, necesitas construir un equipo de profesionales en los que se pueda confiar para que te ayuden en el futuro. Como inversionista, necesitará un agente de bienes raíces (para ayudarlo a identificar tratos y determinar las tendencias del mercado), un prestamista (para financiar la compra de sus propiedades), un administrador de propiedades (para guiarlo sobre los precios de alquiler existentes y los vecindarios, y un contratista (para encargarse de las reparaciones y renovaciones). También puede establecer una red de contactos con otros inversionistas o comunicarse y establecer relaciones con sitios como biggerpockets.com. Le ayuda a pedir referencias y recomendaciones antes de armar su útil escuadra.

4. Acuerdos de financiación

Hay múltiples maneras de conseguir que tus tratos sean financiados. Algunas de ellas son préstamos convencionales, préstamos privados, acuerdos de asociación, préstamos para propiedades comerciales y más. Zero down en una opción que se ajusta mejor a sus metas financieras y estrategia de negocios.

5. Empieza a conseguir pistas

Empieza a recibir pistas ahora de tu agente inmobiliario, referencias y correos directos. También puedes considerar la opción de conducir por ahí. Haga que las pistas fluyan si quiere hacer atractivos negocios de inversión de alquiler.

6. Escrutinio de ofertas

Por mucho que odies las matemáticas, tendrás que jugar con los números para negociar acuerdos inmobiliarios ganadores. Analiza los acuerdos de propiedad para hacer que estos números trabajen a tu favor. Ten en cuenta tus metas financieras mientras haces las matemáticas. Por ejemplo, digamos que tu objetivo es tener un flujo de efectivo de $300 procedentes de la propiedad cada mes. ¿Cuánto estás dispuesto a pagar por la propiedad para obtener $300 cada mes? Los bienes raíces son un juego de números puros. Debes considerar muchas ofertas antes de zero down al trabajar en tus matemáticas. Incluso si tienes un montón de profesionales que te ayudan y te guían con estos tratos, no evites hacer las cuentas tú mismo. Puede ahorrarse mucho estrés y angustia analizando de cerca el trato antes de tomar cualquier decisión.

7. Negociar como un jefe

Una vez que haya identificado una propiedad, mencione su oferta. ¿Cuánto está dispuesto a pagar por ella? Entonces, elabore el tipo de plan de financiación que le gustaría utilizar. El agente de bienes raíces puede guiarlo con todo esto. Un consejo para negociar más tratos ganadores es dar a los vendedores de la propiedad múltiples opciones como $330.000 con todos los muebles incluidos o $300.000 sin los muebles. Puede que quieras o no los muebles, pero esas opciones funcionan a nivel psicológico.

Cuando le das a la gente la opción de elegir entre múltiples opciones, irán con una opción en lugar de tratar de elegir entre un sí y un no. Puedes seguir negociando con la otra parte hasta que ambos lleguen a un acuerdo. Si no puedes llegar a un acuerdo que sea adecuado para ti, empieza a buscar otros acuerdos. En el caso de que el acuerdo se lleve a cabo, puedes pasar a aceptar mutuamente el contrato y seguir adelante.

8. Cierre el trato y administre su propiedad

El paso final implica el cierre del trato y la administración de su propiedad de alquiler. Tal vez quiera usar los servicios de un inspector con licencia para hacer una inspección minuciosa de la casa para revisar sus costillas y huesos. La mayoría de los inversionistas de alquiler prefieren hacer todo el papeleo con una compañía de títulos. Una vez que termines el papeleo y consigas las llaves, tienes que manejarlo eficazmente. Contrate los servicios de un experto y experimentado administrador de la propiedad si no puede manejar a los inquilinos y la administración de la propiedad usted mismo.

El administrador de la propiedad estará completamente a cargo del mantenimiento de la propiedad, así como de tratar con sus inquilinos. Usted todavía tiene que asegurarse de que están haciendo bien su trabajo y las cosas se están cuidando. Las propiedades de alquiler pueden darte muchos ingresos pasivos y libertad financiera si empiezas a construir un imperio con recursos y juicios.

Conclusión

Gracias por descargar mi libro.

Como todo lo que tomamos, hay una curva de aprendizaje en la construcción y manejo de una exitosa empresa de ingresos pasivos. Nada que valga la pena tener se consigue fácilmente, ¿verdad?

Practica una buena gestión del tiempo y aprovecha al máximo tus múltiples trabajos o negocios. Puede que no quieras dejar tu trabajo a tiempo completo hasta que construyas un flujo de ingresos pasivos consistente, fiable y constante. Las recompensas de hacer pequeños cambios en su estilo de vida de manera temporal pueden ser muy satisfactorias a largo plazo. Piénselo de esta manera—está dando sus esfuerzos, tiempo y dinero para ganar su libertad financiera en el futuro. Trabajas por dinero ahora para que el dinero trabaje para ti más adelante. ¿Puede ser más gratificante que esto?

Red y Marketing Multi-Nivel Pro

¡La Mejor Guía de Redes/Mercadeo Multi-Nivel para Construir un Negocio Exitoso de MLM en los Medios Sociales con Facebook! ¡Aprende los Secretos que los Líderes Usan Hoy en Día!

Por Leonardo Gómez

Tabla de Contenido

Introducción

Felicitaciones por la compra de *Red y Marketing Multi-Nivel Pro: ¡La Mejor Guía de Redes/Mercadeo Multi-Nivel para Construir un Negocio Exitoso de MLM en los Medios Sociales con Facebook! ¡Aprende los Secretos que los Líderes Usan Hoy en Día!* y gracias por hacerlo.

En los siguientes capítulos se discutirá cómo y el mercadeo en red puede darle un giro a su vida si implementa las estrategias correctas. ¿Sueñas con conseguir la casa de tus sueños todos los días? Bueno, entonces aquí están las buenas noticias. Con el mercadeo en red, tu sueño se hará realidad antes de lo que pensabas. Con este libro, aprenderá todos los secretos del Marketing Multi-Nivel que utilizan los líderes.

Si está buscando una alternativa al antiguo patrón tradicional de crianza y trabajo, entonces este libro es justo lo que necesita. No hay necesidad de sacrificar las alegrías de este hermoso mundo para satisfacer las demandas de la vida corporativa. Aunque mucha gente aspira a ser dueña de un negocio, pero definitivamente te cobra un precio. Implica horas y horas de intenso estrés y los propietarios de pequeñas y medianas empresas obtienen muy bajos retornos de la inversión realizada. Por lo tanto, después de deducir los costos de personal, arrendamiento, inventario y operaciones, obtener beneficios se convierte en una gran lucha. La solución a todo esto es el mercadeo en red, ya que le permitirá ser dueño de su negocio de la manera que desee y al mismo tiempo, no tiene que hacerlo todo solo.

Hay muchos libros sobre este tema en el mercado, ¡gracias de nuevo por elegir este! Se ha hecho todo lo posible para asegurar que esté lleno de tanta información útil como sea posible, ¡por favor disfrútenlo!

Capítulo 1: Todo Sobre el Mercadeo en Red y el Mercadeo Multi-Nivel (MLM)

Si estás en el mundo de los negocios, entonces debes haberte encontrado con alguien u otro usando el término mercadeo en red o mercadeo multi-nivel (MLM). Este capítulo le dará una introducción al concepto de ambos términos y luego podemos proceder a los temas avanzados.

¿Cuál es la Diferencia entre el Mercadeo en Red y el MLM?

A menudo se piensa que los términos comercialización en red y MLM son los mismos, pero tienen algunas diferencias sutiles entre ellos. Se puede decir que son dos caras opuestas de la misma moneda y por lo tanto están bastante relacionados pero no son totalmente iguales.

Empecemos con el MLM o el marketing multi-nivel. Este es un tipo de marketing donde el modelo de negocio se basa en un programa de referencia donde se refiere a las personas. El programa en sí mismo también ha sido diseñado de tal manera que tiene varios niveles. Por lo tanto, para simplificarlo un poco, considere lo siguiente como un ejemplo. Si yo hubiera referido a alguien a un MLM en particular y esa persona, a su vez, hubiera referido a otra persona, entonces usted estaría recibiendo las comisiones de esa otra persona también con la ayuda de su referencia original.

Por otra parte, el mercadeo en red es un tipo de modelo de negocios que se basa en los distribuidores. La empresa pondrá en práctica estrategias para comercializar su producto a los diversos distribuidores de su nicho. Estos distribuidores son un cierto grupo de personas que, a su vez, están deseando crear su propio negocio y por lo tanto comercializarán los productos de la empresa a su manera. Por ejemplo, supongamos que una empresa está vendiendo ropa pero en lugar de elaborar una política de comercialización para el público en general, esta empresa está comercializando sus productos a los distribuidores. La empresa preparará entonces un discurso de marketing para estos distribuidores.

Una de las mejores cosas de esto es que no importa lo que el distribuidor haga con el producto. La empresa ya está haciendo una venta inicial cuando vende su producto al distribuidor y el producto está fuera de sus manos.

¿Debería Comenzar el Mercadeo en Red o Construir mi Propio Negocio Desde Cero?

Si está pensando en si debe iniciar su propio negocio o si simplemente debe invertir su tiempo en la comercialización de la red, entonces déjeme decirle esto. Con el mercadeo en red, no tienes que tomar las molestias de comercializar el producto. Sólo tienes que hacer un excelente discurso de venta para que puedas mostrar la perspectiva de tu producto a los distribuidores. Ahora, siempre te sugiero que empieces con el mercadeo en red y también puedo darte algunas razones sólidas para hacerlo.

- En primer lugar, debes pensar por qué deberías empezar con el marketing de red. Bueno, para empezar, no tienes que quedarte atascado en un escenario de trabajo de 9 a 5. Por lo tanto, puedes ejercer mucha libertad que cualquier trabajo ordinario no podrá proporcionarte. Después de que hayas completado los pasos iniciales, serás capaz de llevar a cabo tus campañas de marketing y literalmente dirigir tu propio negocio desde tu casa. Por lo tanto, podrás pasar mucho tiempo con tu familia. Por otra parte, otra gran cosa es que no hay límite de ingresos. Si eres bueno en lo que haces, puedes ganar la cantidad que quieras.

- No tendrás que preocuparte por ningún empleado y por lo tanto, no hay problemas de contratar o despedir a nadie. Y por supuesto, no tienes que responder ante nadie. En resumen, serás tu propio jefe. Pero sí, tendrás que mantener buenas relaciones con los distribuidores y los agentes, pero todo eso no implica que pagues ningún salario a nadie y esto en sí mismo te alivia de tantas responsabilidades.

- Hay una cantidad inmejorable de seguridad en el mercadeo en red una vez que finalmente lo has establecido adecuadamente. Por lo tanto, no hay que preocuparse más por quedar desempleado o ser despedido por alguien.

- Si por alguna razón, usted no es capaz de permanecer en el reloj, usted no tiene que preocuparse por la generación de ingresos, ya que eso se hará por sí mismo. Si ayudas a otros a montar su negocio, siempre tendrás tus ingresos residuales.

Pero siempre tienes que asegurarte de que estás en un sistema legítimo y no en un esquema piramidal sin valor.

¿Qué Beneficios Obtengo de las Compañías de Mercadeo en Red?

En el mundo actual, los empresarios que se ocupan de la comercialización en red son los que más rápido crecen. Hay tantos beneficios que se pueden disfrutar con un modelo de mercadeo en red y aquí están algunos de ellos explicados en detalle.

No Más Costos de Inicio Altísimos

Anteriormente, cuando la gente pensaba en comenzar su propia empresa, tenía que pensar dos veces en los costos y en cómo van a financiarla. Pero ahora, con la llegada del mercadeo en red, no tienes que preocuparte por el factor de inversión ya que casi no hay inversión involucrada. Además, la pequeña cantidad de inversión que usted hará en esta empresa será mucho menor que su potencial de ganancias. Por lo tanto, si piensa con claridad, verá que sus ganancias pagarán mucho más que cualquier otro tipo de negocio. Todo lo que necesitarás, por ejemplo, material de marketing, rastreadores de ventas, entrenamiento corporativo, etc., ya está en su lugar con los sistemas operativos de hoy en día.

Apalancamiento

La comercialización en red implica un alto grado de influencia y promueve que trabajes de manera más inteligente para que no tengas que esforzarte mucho y, sin embargo, ganes menos. Un día está hecho de sólo 24 horas y en esa cantidad fija de tiempo, tienes que hacer todo. También tienes que pasar tiempo con tu familia y seguir tus hobbies. Si tienes un trabajo regular, entonces recibirás un salario fijo por, digamos, 8 horas al día. Pero en algunos casos, los empleados reciben un pago basado en el número de productos que han vendido. Así que lo que quiero decir es que siempre hay un límite a la cantidad que puedes ganar y con el mercadeo en red, puedes romper ese límite. Ganarás dinero mientras duermes, viajas o haces lo que quieras. Todo lo que tienes que hacer es ir aumentando lentamente el número de distribuidores en tu círculo.

Un Gran Potencial de Ingresos Residuales Pasivos

Siempre es mejor tener un plan de respaldo para los días de lluvia de tu vida. Si tu único respaldo son tus ahorros, entonces se agotarán un día u otro. Pero con el mercadeo en red, puedes allanar el camino para un alcance cada vez mayor de ingresos residuales pasivos. Y para hacer esto, necesitarás dominar el apalancamiento como ya se mencionó en el punto anterior.

Increíbles Beneficios Fiscales

Esta es una de las ventajas del mercadeo en red que la gente suele perderse. Comenzar una compañía de mercadeo en red significa que lo haces desde tu casa. Por lo tanto, antes de calcular la cantidad de impuestos que tienes que pagar, puedes deducir tus gastos. Si no eres consciente de esto, entonces la mejor solución sería consultar a un especialista en impuestos cerca de ti. Él/ella puede guiarte sobre qué cosas puedes deducir. Una cosa que debes aclarar es que tu impuesto siempre se calculará sobre los ingresos netos que tienes después de que todos los gastos se hayan deducido de él.

Libertad para Planear su Propio Día

Cuando estás en un trabajo regular, estás atrapado en tu cubículo por el tiempo que tu empleador quiera. No puedes ir y venir como te plazca. Tu tiempo ya no es tuyo porque tu empleador te paga un salario por la hora del día que le das a su empresa. Pero en el mercadeo en red, tú serás el amo de tu tiempo. Incluso puedes elegir con quién quieres trabajar. Puedes ir a donde quieras y hacer lo que quieras con tu tiempo y aún así obtener un ingreso sostenible.

Un gran alcance para el desarrollo personal

Si eres un empleado en el mundo corporativo, recibirás sólo esa cantidad de entrenamiento que te hará capaz de hacer sólo ese trabajo. Pero serás encarcelado dentro de las paredes del mundo corporativo. Pero en el caso del mercadeo en red, hay muchas cosas que aprenderás a medida que crezcas y esto te llevará a un gran desarrollo personal. ¿Por qué trabajar durante tantas horas sólo para hacer realidad el sueño de otra persona cuando puedes pasar tiempo con tu familia y construir tu propio imperio?

Así que estos fueron algunos de los beneficios de la comercialización en red. Por lo tanto, si usted está pensando en comenzar su propio negocio de mercadeo en red, entonces no necesita preocuparse en absoluto porque este libro le guiará paso a paso hacia su objetivo.

Capítulo 2: Domina tu Mente por Encima de Todo lo Demás

No hay que olvidar que la comercialización en red, por encima de todo, es un negocio y por lo tanto hay que crear una mentalidad en la que se trata como un negocio. Si quieres ser un verdadero líder desde el primer día, aquí hay cosas que necesitas para construir la mentalidad adecuada.

Imagina el Objetivo Final de su Sueño

Para obtener el éxito de su esfuerzo de mercadeo en red, es necesario tener los objetivos correctos y también hay que visualizarlo cada día. Hay una razón científica detrás de esto. Cuando visualizas lo que quieres en la vida, tu cerebro se conectará de tal manera que empezará a identificar los recursos que necesitas para lograr ese objetivo final. Además, estarás creando una motivación interna que será la fuerza impulsora para ti. Cuando piensas en el largo plazo, imaginar tus objetivos también te ayudará a mantenerte en el camino promoviendo el pensamiento positivo.

Para asegurar una visión eficiente de la meta final de tus sueños, primero necesitas aprender cómo puedes evaluar tu situación actual perfectamente. Primero tienes que averiguar dónde se encuentran tus niveles de satisfacción y luego puedes decidir qué es exactamente lo que quieres de tu vida. El siguiente paso es pensar en los sueños que tienes y las metas que quieres cumplir. Para ello, debes sentarte en un lugar tranquilo y asegurarte de que no te interrumpan. Puedes hacer esto como lo primero en que te despiertas por la mañana porque tendrás más claridad y paz mental o también puedes hacerlo en algún otro momento del día cuando pienses que las posibilidades de interrupción son bajas.

Debes recordar que tus objetivos deben ser realistas. No te pongas metas tan altas que sea casi imposible que alguien las alcance. Además, también debes ponerle un plazo a tus metas ya que esto evitará que te vuelvas letárgico. También tienes que hacer tus objetivos específicos. Algunas personas se fijan metas pero son demasiado vagas. No puedes decir simplemente que quieres tener éxito en los próximos 5 años. Necesitas definir lo que ese éxito significa para ti. Puede ser algo como: "Llevaré mi negocio al siguiente nivel y obtendré un 10% más de beneficios en los próximos 2 años". Este es un ejemplo de un objetivo específico y esto evitará que te salgas del camino.

Pasa 10 Minutos al Día Soñando con tu Objetivo Final

¿Sabías que soñar despierto con tus metas finales puede hacerte exitoso? Cuando se practica de la manera correcta, soñar despierto puede terminar siendo la clave para liberar tu potencial. Cuando sueñas con tu objetivo, pones tus pensamientos en perspectiva y esto puede abrirte nuevas puertas que antes creías que no existían. Esto también puede mejorar tus habilidades para resolver problemas.

Cuando imaginas tu objetivo en tu cabeza cada día, llegas a ver varias situaciones y ves lo mismo desde diferentes perspectivas. Esto te dará una idea de tu comportamiento en varias situaciones que podrían ocurrir en la vida real. Pero lo más importante es que soñar con tu objetivo aunque sea durante 10 minutos al día puede hacerte feliz y te sentirás motivado para trabajar aún más duro. Cuando estás empezando con el mercadeo en red y eres escéptico sobre su éxito, soñar con tu meta te ayudará a mantenerte enfocado en lo que quieres en la vida.

Por lo tanto, averiguar tus metas no es el único paso. También necesitas soñar con tus metas porque sólo entonces estarás inspirado para dar un esfuerzo cuantificable para hacer esos sueños realidad.

Enumera 3 Cosas que Quieres Lograr y Lograrlas

Tienes que vigilar el progreso que haces con tus acciones diarias. ¿Te están haciendo algún bien? Bueno, para asegurarte de que disfrutas de los frutos de tus acciones, puedes empezar a cultivar una práctica. Ya hemos discutido en los puntos anteriores cómo el establecimiento de objetivos es tan importante y también lo es el soñar. Pero si te enfrentas a un problema al establecer objetivos a largo plazo o si no te sientes motivado para cumplir lo que estás pensando, entonces empieza con objetivos más pequeños.

Haga una lista de los pequeños objetivos que deben ser alcanzados primero para que usted pueda alcanzar su objetivo final. Puedes empezar por enumerar tres objetivos a la vez y luego fijar un lapso de tiempo para ellos. Por ejemplo, haz una lista de 3 objetivos que quieras alcanzar este mes y luego diseña las estrategias y los pasos que necesitas seguir para alcanzarlos. Necesitas estar determinado a lograr esos objetivos porque en el momento en que lo hagas, adquirirás un nivel de confianza diferente. Tendrás la sensación dentro de ti mismo de que sí, puedes hacerlo. Y este sentimiento de confianza es muy esencial si quieres lograr cosas más grandes en la vida.

Estas pequeñas metas actuarán como el mapa de ruta hacia su éxito y al establecer estas pequeñas metas y lograrlas una por una, estará dando pequeños pasos hacia la meta de sus sueños. Además, no estarás dando vueltas en círculos. Seguirás un camino definido sin quedarte estancado en una posición durante mucho tiempo. Cuantos más objetivos alcances, más comprometido e inspirado te sentirás para seguir en el camino. La emoción de los logros te motivará e impulsará a avanzar y no a mirar atrás.

Dese una Charla de Ánimo

Cada vez que alguien dice algo motivador, está obligado a elevar sus niveles de autoestima. Esto te dará confianza en cualquier cosa que planees hacer. ¿Pero qué pasa si no tienes a nadie delante de ti que pueda darte esa charla de ánimo? O tal vez sólo tú sepas lo que quieres oír, lo cual elevará tu nivel de confianza. Entonces la solución es muy simple. Tienes que tomar el asunto en tus propias manos y darte una charla de ánimo. Así que, discutamos cómo puedes hacerlo.

¿Hiciste ese ejercicio en tu escuela donde tenías que reformular la misma frase más positivamente? Estoy seguro de que lo hiciste, pero incluso si no lo hiciste, esto es algo similar a lo que vas a hacer aquí. Necesitas enfocarte estrictamente en mantener el lenguaje positivo. Por ejemplo, si te dices a ti mismo "No lo pospongas", entonces hay una vibración negativa en ello. Entonces, lo que puedes decir es: "Completarás todas tus tareas ahora para tener mucho tiempo en tu mano más tarde". Esto suena mucho más positivo, ¿verdad?

Hablar en tercera persona o referirse a sí mismo por su nombre o "usted" a menudo le beneficiará más. Además, no requiere mucha fuerza de cerebro y no es agotador. Respire profundamente antes de darse una charla de ánimo porque esto le calmará y podrá pensar con más claridad. Ahora, no necesita confundirse demasiado sobre lo que va a decir. Todo lo que necesitas decir son esas palabras que quieres que alguien más te diga si son las que te dan un impulso motivacional. O, puedes pensar en ello de otra manera también. Si tu amigo estuviera en tu lugar, ¿qué palabras de ánimo le habrías dado? Díte esas mismas palabras a ti mismo.

Hazte Responsable

La responsabilidad es algo que realmente necesitas dominar ya que es uno de los activos más valiosos que tienes. Si te concentras en crecer tanto profesional como personalmente, hacerte responsable es algo que te llevará lejos. Normalmente la gente piensa en la responsabilidad como un concepto en el que eres responsable ante otra persona por tus acciones. Pero hoy no vamos a discutir nada de eso. En su lugar, aprenderás por qué debes rendir cuentas y no por alguien más que tú.

Piénsenlo de esta manera. ¿Por qué alguien más debe ser responsable de tu éxito y fracaso cuando todo se trata de ti? No debería ser el trabajo de nadie más asegurarse de que estás haciendo todo bien, ¿verdad? Si no te haces responsable de las cosas que haces en la vida, nunca podrás alcanzar tus objetivos o crear la mentalidad necesaria para la comercialización en red. Es posible que tenga las mejores y más singulares ideas sobre la creación de su empresa, pero ¿tendría una empresa si no pone sus ideas en práctica? No, ¿verdad? Por lo tanto, es de suma importancia que se haga responsable porque eso lo mantendrá esforzándose por alcanzar su objetivo.

Notará que en el momento en que se haga responsable, estará haciendo un progreso constante. Una de las cosas más importantes de la práctica de la responsabilidad es que tienes que fijar plazos para todo y luego asegurarte de que los cumplas. Establecer un calendario es de suma importancia, ya que sabrás que tienes un plan de juego establecido que sólo tienes que seguir. También tienes que dejar de auto-sabotearte y practicar la responsabilidad positiva. Hacerse responsable no significa que tengas que socavar tus acciones.

Presta Atención a tus Pensamientos

Si quieres entenderte de verdad, tienes que empezar a prestar atención a tus pensamientos. Lo que ves a tu alrededor o lo que sucede en tu vida es un resultado directo de tus pensamientos, por lo que es importante que sepas qué tipo de pensamientos tienes. Tus pensamientos pueden nublar tu juicio y también pueden ayudarte a pensar con claridad. Son el verdadero indicador de tus creencias. También necesitas comprobar si tienes pensamientos negativos. Los pensamientos positivos te ayudarán en tu progreso mientras que los negativos sólo te atarán.

Pero si detectas algún pensamiento negativo, nunca debes castigarte por ello. Cuanto más duro seas contigo mismo, más prosperarán tus pensamientos negativos. Lo que tienes que hacer es que cuando encuentres un pensamiento negativo en tu mente, lo escribas en tu diario y luego intentes rastrear la raíz de ese pensamiento. Una vez que encuentres la razón que llevó a ese pensamiento negativo, todo lo que necesitas hacer es reemplazarlo con un pensamiento positivo. Necesitas entender que los pensamientos positivos son muy poderosos y que un solo pensamiento en la dirección positiva puede hacer caer los pensamientos negativos de 10 veces su magnitud.

Cuando quitas los pensamientos negativos, evitas que den forma a tu realidad. En cambio, estás promoviendo pensamientos positivos y así es como será tu realidad. Necesitas visualizar esos pensamientos positivos porque eso los hará sentir más reales y vívidos, como si estuvieran dentro de tus ojos. Esto aumentará las posibilidades de que se hagan realidad y también te mantendrá motivado para trabajar hacia un objetivo final positivo.

Construir un Equipo Inspirador de Personas

Si alguna vez has trabajado como parte de un equipo altamente inspirado y motivado, entonces sabrás de lo que estoy hablando. El ritmo de los miembros de tu equipo también se convierte en tu ritmo, así que tienes que elegir a gente con mucha energía. Por supuesto, si estás empezando, puedes hacer todo por ti mismo. En ese caso, necesitas rodearte de gente fuera de tu trabajo que te siga inspirando y empujando en una dirección positiva. Necesitas gente en tu vida que pueda darte la charla de ánimo que tanto necesitas.

Pero si quieres crecer más y decir que construyas un negocio de seis o siete cifras, entonces tendrás que reclutar a algunas personas. Asegúrate de no reclutar gente al azar en tu negocio. La gente que recinte debe estar realmente motivada para trabajar en su empresa. Necesitas convertirte en un líder positivo si quieres tener un equipo positivo. Identifique los obstáculos y vea si hay algún aspecto que pueda causar insatisfacción entre los miembros de su equipo. Intenta eliminar estos obstáculos de la mejor manera posible. Cree un ambiente de trabajo saludable.

El uso de una carta de equipo también mantendrá a todos motivados. La carta establecerá cuál es el papel de cada persona de su equipo. Debes esforzarte por crear un ambiente sin prejuicios. Aquellos que trabajan con ustedes no deben dudar en expresar sus opiniones. Si quieres crear confianza, entonces crear relaciones transparentes es el primer paso. Todo esto contribuirá a formar un equipo inspirador de personas.

Mantén la Curiosidad

Todo el mundo ha oído decir que la curiosidad mató al gato. ¿Pero es verdad? Bueno, depende de la situación y en el mercadeo en red, hay que ser un poco curioso si se quiere ir por delante de los demás en el juego. Cuanto más curioso seas, más sentirán tus oyentes que estás realmente interesado. El mercadeo en red se basa en la construcción de relaciones y por lo tanto, ser curioso te beneficiará de varias maneras.

¿Estás buscando el mercado objetivo potencial para tus productos o distribuidores confiables? ¿O está investigando qué técnicas están usando otros líderes para hacer que su negocio tenga éxito? No importa lo que estés haciendo, hay algunas preguntas básicas que debes hacer. Estas preguntas deben girar en torno a los intereses, objetivos, motivación y los valores fundamentales de la persona que está delante de usted. No hay un final para las preguntas que puedes hacer y estas son sólo algunas cosas para empezar.

En el momento en que empieces a implementar la curiosidad como parte de tu cultura de negocios, empezarás a obtener resultados sorprendentes. Cuando tienes curiosidad, estás literalmente a la caza de nuevas y mejores respuestas con las mismas preguntas mundanas. Esto puede llevarte a encontrar algunas ideas innovadoras. Esto puede abrirte nuevas puertas que nunca pensaste que lo harían. Por lo tanto, impulsar tu negocio al siguiente paso será mucho más fácil. El pensamiento fuera de la caja sólo es posible cuando tienes curiosidad y con una cantidad tan inmensa de competencia en el mercado, si quieres permanecer en el juego, necesitas hacer algo que nadie más está haciendo.

También necesitas pensar en algunas preguntas poderosas porque pueden desenterrar algunas ideas increíbles. ¿Y sabes cuál es la mejor parte? Hacer preguntas es completamente gratuito. Cuando tienes curiosidad, muestra lo apasionado que eres por lo que haces. Esto se refleja en todo lo que haces y tanto tus clientes y distribuidores como los miembros de tu equipo podrán verlo. Así, la curiosidad te hará un verdadero empresario.

Capítulo 3: Elegir la Compañía Adecuada para Usted

Ya hay miles de compañías de mercadeo en red en el mercado y con cada momento que pasa, varias otras están apareciendo. Pero si usted quiere tener éxito en su empresa, la elección de la empresa de marketing de red correcta es crucial. En el pasado, cuando Internet no estaba tan desarrollada y la gente no tenía acceso a tantos conocimientos a nivel personal, solían ser los amigos, los parientes o algún compañero de trabajo los que presentaban a la gente alguna empresa de mercadeo en red. Pero en la mayoría de los casos, esas empresas no resultaron ser buenas y condujeron al éxito moderno o, en el peor de los casos, al fracaso. Pero hoy en día, puedes hacer tu propia investigación para asegurarte de que no terminaras con la compañía equivocada. Aquí hay algunos pasos que puedes seguir para elegir la empresa adecuada para ti.

Elija su Nicho y Descubra Empresas

Uno de los primeros pasos para elegir la empresa de marketing de red correcta es encontrar tu nicho. Esto puede parecer fácil, pero puede ser muy confuso, así que aquí hay un proceso paso a paso que puedes seguir para elegir tu nicho.

- **Evalúa tus habilidades y fortalezas** – Todo el mundo es bueno en algo y tiene una pasión particular. Esta es la primera pieza de su rompecabezas. Necesitas revisar qué habilidades tienes. Para ello, primero puedes pensar en los trabajos que has hecho en el pasado, si es que los tienes. Esto te ayudará a escribir las habilidades que has adquirido en tu carrera. Si no has hecho un trabajo en el pasado, entonces piensa en tu pasión y en las habilidades que ya tienes. Escriba todo esto y notará algunos puntos en común. Esto te ayudará a reducir tu búsqueda. No consideres un nicho sólo porque te guste. Debes amarlo lo suficiente para tener una pasión genuina por él y mantenerte por lo menos 5 años en el mismo nicho.

- **Investigación sobre el mercado para su nicho** – No todos los nichos tienen un mercado rentable. Por lo tanto, cuando se decide por un nicho, hay que asegurarse de que hay una demanda para ese producto o servicio en particular. Para ello, puede implementar el método de búsqueda de palabras clave. Utilice algunas palabras clave relevantes en su nicho y comience a buscar en Google. Poco a poco, puede reducir los resultados por nivel de competencia, volumen de búsqueda mensual y otros parámetros. En el caso del volumen de búsqueda, debe permanecer en el rango de 1.000 a 10.000 por mes. Cualquier cosa menos de 1.000 sugeriría que el nicho probablemente no tiene tanto mercado.

- **Comprobar la competencia** – Como ya se ha mencionado anteriormente, la investigación de palabras clave juega un papel muy importante a la hora de elegir tu nicho, pero averiguar sobre la competencia es igualmente importante. Selecciona algunas palabras clave y luego busca en Google. Debes comprobar los resultados de la primera página de Google y qué sitios web están clasificados allí. Encontrarás muchos sitios conocidos allí. Lo que necesitas ver es si ese nicho está sobresaturado o no. Si ya está repleto de otros buenos sitios, siempre es aconsejable encontrar algún otro nicho. También puede haber otro escenario. Es posible que no encuentre ningún sitio web que se clasifique según las palabras clave que haya utilizado. Sí, usted podría estar pensando que esta es una gran oportunidad para usted pero debe tener en cuenta que esto también podría significar que otros que se han aventurado en este nicho antes que usted ya han descubierto que el nicho no tiene ningún potencial. El mejor escenario es cuando encuentras un puñado de sitios en el nicho pero ninguno de ellos es grande. Esa es tu señal para tomar el nicho ya que la competencia no será difícil.

Una vez que haya seleccionado su nicho, ahora es el momento de mirar las empresas que están presentes en este nicho.

Considere la Estabilidad y la Longevidad de la Compañia

Sí, en efecto, son sus esfuerzos los que pueden traerle el éxito, pero al final del día, cuando ha invertido varias cabezas y ha construido un grupo enorme, es sensato trabajar con una empresa que estará presente incluso después de haber logrado todo eso. Lo primero que hay que considerar sobre la compañía que estás planeando elegir es su estabilidad financiera. Para ello, debes elegir una compañía que haya estado presente por lo menos 5 años. Esto asegurará que todos los esfuerzos que has puesto en la construcción del grupo no se desperdicien. En los últimos dos años, ha habido muchas compañías de mercadeo en red que han ido y venido.

Cuanto más se ha mantenido la compañía en el mercado, más experiencia tienen. Si la compañía se ha mantenido durante 5 años, entonces puedes estar seguro de que está aquí para quedarse. La mayoría de las empresas que salen del mercado lo hacen dentro de los primeros 5 años de haber iniciado el negocio. Ahora, definitivamente no querrás encontrarte con que eres parte de una compañía que no tiene la estabilidad, ¿verdad?

Conozca el Plan de Compensación

El plan de compensación es uno de esos factores de una empresa de comercialización en red que diferirá de una empresa a otra. Es necesario comprobar cuál es el plan de compensación de esta empresa porque si vas a trabajar con ellos, también tienes que estar cómodo con la compensación que te están prometiendo. Este factor también es importante desde el punto de vista de que es lo único que determinará la rapidez con la que usted va a ganar dinero a través del MLM o la comercialización en red. Por lo tanto, aquí hay algunos puntos que he anotado especialmente para usted para que pueda evaluar los planes de compensación de manera más eficiente.

- **Ten cuidado con las empresas que tiran el volumen de ventas** – Hay algunas empresas que hacen esto. Al principio, no tendrás ningún volumen de ventas, así que puedes sentir que esto no te afectará. Pero más tarde, si no logras alcanzar el siguiente umbral de volumen de ventas, entonces tendrás que empezar de nuevo desde cero. ¡Qué frustrante es eso! Puede que incluso caigas en la tentación de pedir un producto extra porque sabes que si no lo haces, no podrás alcanzar el umbral. Esto no te traerá ningún dinero significativo. Por lo tanto, siempre elige una compañía que no tire los puntos. De hecho, su próximo período de pago simplemente continuará con el exceso de volumen.
- **Evite las empresas que limitan el volumen de ventas por profundidad** – Cuando usted es un principiante, las personas de nivel 1 son las que usted introduce por primera vez. Luego viene el nivel 2, es decir, los que las personas de nivel 1 introducen a su vez. Pero cuando una empresa ha alcanzado un cierto punto en su curva de crecimiento, tendrá decenas y miles de niveles. Pero en varios planes de

compensación, se puede notar que la acumulación del volumen de ventas se limita a, digamos, sólo 5 niveles de profundidad. Tenga en cuenta que 5 niveles son bastante básicos. Ahora, usted podría estar discutiendo el hecho de que 5 niveles son mucho para usted pero necesita recordarse a sí mismo que después de un cierto período de tiempo, esa misma profundidad de 5 niveles no será nada. A largo plazo, no se le pagará nada por los niveles más profundos que 5 y esto es una gran pérdida.

- **El plan debe ser fácil de entender** – No vayas por ningún plan de compensación que sea tan complejo que te resulte casi imposible averiguar cómo se está calculando la compensación. Siempre que un plan sea complejo, vendrá con muchas reglas y la mayoría de ellas favorecerán a la compañía y no al asociado. Además, no le será fácil averiguar si está recibiendo la cantidad correcta de compensación o no. Además, imagínese tratando de explicar el mismo plan de compensación a los demás. Usted no sería capaz de hacerlo a menos que lo entienda usted mismo y por lo tanto no tendrá muchas personas que se unan a su red también.

- **Compruebe la frecuencia** – Encontrará muchos planes que tienen un ciclo de pago mensual. Pero cuando optas por mejores planes, puedes incluso aprovechar la oportunidad de que te paguen semanalmente y en algunos casos, diariamente también.

Presta Atención al Equipo Específico al que te Unes

Cuando decides unirte a una compañía de marketing de red específica, obviamente necesitas tener algún conocimiento sobre su equipo. ¿Quiénes son estas personas? ¿Sus puntos de vista están en línea con los tuyos? ¿Cuánta experiencia tienen? Saber todo esto es de suma importancia. Debes esforzarte por ser diferente y no cualquier otro reclutador al azar. Sé un líder. Y para eso, no puedes simplemente leer el folleto y escuchar el discurso de venta y pensar, ¡oh! Estoy acabado porque no, no lo estás. Tienes que esforzarte y levantarte del sofá para hacer un trabajo de verdad. Asiste a los eventos que se llevan a cabo en esta compañía y comenzarás a reunir alguna imagen sobre sus líderes.

No te pongas nervioso sólo porque alguien te haya dado un increíble discurso de venta. Necesitas hacer tus propios deberes si quieres subir la escalera del éxito. No importa cuánto tiempo te lleve hacer la investigación inicial, tómate tu tiempo porque esta investigación será tu base y no puedes permitirte equivocarte.

Determinar Si el Negocio Encaja con sus Objetivos

Si vas a trabajar con la compañía, entonces tus ideales deben estar en línea con la visión de la compañía. Todos tienen algunos objetivos en sus mentes cuando empiezan y tú también los tendrás. Determina cuáles son esos objetivos y escríbelos. Luego vea si esta compañía está cumpliendo sus objetivos o no. Si simplemente entras en una empresa por capricho y luego descubres que la empresa no está cumpliendo con tus expectativas, entonces terminarás perdiendo el tiempo y también estarás insatisfecho. Cuanto más alineados estén tus objetivos con la empresa, más familiar te sentirás con todo el ambiente.

En términos más sencillos, si los objetivos de la organización y sus objetivos personales no están alineados, usted estará en una gran desventaja. Te sentirás perdido y es muy fácil para ti desentenderte cuando tus objetivos no se cumplen. No te sentirás conectado con el resto del equipo y todo parecerá un desastre. Por lo tanto, es importante para ti determinar este punto desde el principio.

Haciendo la Elección Final de la Compañía que Elija

Así que, ahora que has pasado por todos los pasos, es hora de que finalmente tomes la decisión. Ahora, aquí hay una palabra de advertencia para ti. Algunas personas no terminan tomando una decisión por mucho tiempo no porque sigan investigando, sino porque lo están postergando. No deberías hacer algo así. La postergación en este caso suele ser el resultado del miedo a lo desconocido, pero si has seguido todos los pasos anteriores con cuidado, no tienes que temer nada. Además, si no tomas riesgos en la vida, nunca serás capaz de lograr nada grande. No dejes que el miedo se infiltre en tu mente sólo porque te hayas dejado influenciar por la opinión de los demás.

Uno de los puntos clave que debe tener en cuenta es que sólo puede tener éxito en su empresa de mercadeo en red si se apasiona por ella. No puedes sobresalir en nada de lo que estás haciendo con fuerza. Usted se enfrentará a diferentes tipos de empresas de marketing de redes en el mercado, pero es primordial que vaya con la que le entusiasme y que sepa que le apasionará trabajar con ella. Mientras estás haciendo la investigación, también debes tratar de anotar cualquiera de los puntos clave que te gustan de cierta compañía. También debes anotar los puntos malos o los aspectos desafiantes. Esto te facilitará la tarea de reducir las opciones que tienes a mano.

Otra cosa importante que tienes que tener en cuenta es la fuente de la cual estás tomando toda esta información. Tu fuente debe ser creíble. Con demasiada frecuencia la gente depende de las opiniones de aquellos que tienen cero conocimiento en esta industria. Sí, algunas personas son bastante dogmáticas en esta industria, aunque no tienen ningún conocimiento sobre ella. Por lo tanto, siempre es aconsejable que busques a alguien que ya se haya establecido en este campo, ya que puede ser un gran mentor para ti. Así que, cuando busques la información, piénsatelo dos veces y pregúntate si la fuente es lo suficientemente fiable. ¿Es la fuente emprendedora? ¿Son financieramente estables o todavía están luchando por sí mismos?

Tal vez estés pensando por qué tomar toda la molestia de acercarse a alguien cuando simplemente puedo usar Internet. Bueno, aquí está la cosa – en Internet, literalmente cualquiera puede publicar cualquier cosa y no sabrías cuán creíble es esa fuente. Así que, incluso si estás usando Internet para investigar y te encuentras con información escéptica, asegúrate de comprobarla desde otro lugar. Si dejas a un lado todas las tonterías de Internet, también puede proporcionarte información muy valiosa, y eso también de forma gratuita. Pero al final del día, necesitas estar 100% seguro de que tu decisión final no está influenciada por alguien no calificado.

Si todavía se encuentra en el dilema de si debe tomar la decisión final o no sólo porque teme que pueda fracasar, entonces sepa esto: el camino de cada uno en el mercadeo en red es diferente. Sólo porque alguien que conoces haya fracasado en su viaje no significa que tú también lo harás. Algunas personas se unen a la comercialización en red con algún conocimiento previo sobre la misma y, por lo tanto, alcanzan el éxito mucho antes que otros. Pero ese no tiene que ser necesariamente usted. Incluso si has entrado en este mundo con poca o ninguna habilidad, tendrás éxito si sigues intentando e implementando las estrategias correctas y todo eso comienza con la elección de la compañía correcta.

Así que, estoy seguro de que a estas alturas ya tienes algunas empresas elegibles en tu lista. Hay una última cosa que tienes que hacer y es que tienes que comprobar en línea si estas empresas tienen alguna queja registrada contra su nombre. En caso de que descubra que una de las empresas de su lista tiene una queja, elimine ese nombre porque ¿por qué arriesgarse cuando tiene tantas otras empresas entre las que elegir? Entonces, comience su investigación hoy y dé el primer paso eligiendo la compañía de mercadeo en red con la que quiere trabajar.

Capítulo 4: Compromiso con el Crecimiento

El compromiso es una clave importante para alcanzar el objetivo final en la comercialización en red. Si te das por vencido cuando las cosas se ponen difíciles, entonces no vas a durar mucho. Tienes que mantener la fe en tus habilidades y no terminar siendo perezoso a mitad de camino. Si te mantienes enfocado y comprometido, el éxito definitivamente vendrá a ti. Si eres un nuevo vendedor, entonces es muy fácil abrumarse por la gran cantidad de información que se te está lanzando al mismo tiempo. Y entre todo eso, podrías incluso pensar en rendirte. Pero es por eso que he creado este capítulo para todos los comerciantes, para que puedan aprender cómo el compromiso juega un papel clave en el crecimiento y cómo pueden dominarlo.

Aprende a Ver lo Bueno de las Cosas

Tómese un tiempo en su agenda diaria y piense en todos los pensamientos que le rondan por la cabeza. ¿Tienes pensamientos que te hacen sentir negativo? ¿Sigues pensando que "no soy lo suficientemente bueno"? ¿Siguen estos pensamientos negativos jugando en un bucle? Bueno, si la respuesta a estas preguntas es sí, entonces es hora de que aprendas a ver lo bueno de las cosas. Si no lo haces, entonces estos pensamientos irán destruyendo poco a poco tu creencia en tu propio ser y en tus habilidades.

Podrías tratar estos pensamientos negativos como un evangelio en tu mente. En tu mente, podrías estar pensando que es realista para ti saber lo que puedes y lo que no puedes hacer. Pero, ¿se ha preguntado alguna vez cómo llegó a conocer estos llamados hechos en primer lugar? La respuesta es probablemente que te has dicho exactamente las mismas cosas y ahora las tratas como si fueran la verdad. Entonces, ¿cómo puedes estar tan seguro de que estas cosas negativas son de hecho verdad? Hay un término para estos pensamientos y se llaman creencias autolimitadas. Estas creencias están presentes en todo el mundo de una forma u otra y su presencia es lo que te mantiene restringido y no eres capaz de alcanzar tus objetivos.

Necesitas aprender cómo puedes ver lo bueno en las cosas, en términos más simples, necesitas ser optimista. También necesitas entender el hecho de que no te convertirás en un maestro del mercadeo en red en una noche. Requerirá tiempo y práctica. Al principio, habrá luchas como en cualquier otro viaje, pero tienes que permanecer en tu camino. Si te enfrentas al fracaso, acéptalo y aprende de tus errores. Trata cada fracaso como tu oportunidad de aprender y no seas demasiado duro contigo mismo porque estás dando lo mejor que puedes.

Comprometerse a Trabajar Duro para el Éxito

Todos quieren seguir comprometidos con el mercadeo en red y todos piensan que ya han comprometido cada onza de su energía en ello, pero ¿alguna vez te has preguntado – "¿Qué tan comprometido estoy?" Lamentablemente, la mayoría de la gente sólo sabe que está comprometida, pero en realidad, no lo está. No están listos para sudar la gota gorda para lograr el éxito en el mercadeo en red. La mayoría de la gente ni siquiera aprende lo básico correctamente y eso es lo que los mete en problemas. Pero tienes que ser apasionado sobre esto si realmente quieres mantenerte comprometido.

No puedo enfatizar lo suficiente sobre la importancia de establecer un objetivo final y cumplirlo. Pero ten en cuenta que tus objetivos para llegar a este objetivo final tienen que ser realistas. Para asegurarte de que sigues comprometido con tu objetivo, necesitas comprobar regularmente cuánto has progresado. Una vez que veas el progreso, haz nuevos objetivos si la situación lo requiere. Ahora que tienes metas claras, también necesitas hacer el mejor uso de tus fortalezas y habilidades. Si realmente quieres alcanzar el éxito y obtener mejores resultados, entonces necesitas comenzar a aplicar tus habilidades en tus escenas de trabajo diarias.

También tienes que ser honesto contigo mismo. Evalúese cuidadosamente y averigüe cuáles son las regiones en las que está luchando con sus habilidades de mercadeo en red. La autorreflexión y luego la mejora gradual son las dos cosas que debe mantener constantemente en su vida cotidiana. Recuerde que una mente inquisitiva es lo que ayuda a la gente a avanzar, así que si tiene alguna pregunta, no dude en hacerla. Pero necesitas preguntarle a la gente que está establecida en el campo del mercadeo en red. Hacer todo esto no significa que no vayas a cometer errores. Se encontrará con obstáculos y, ocasionalmente, incluso podría caerse. Pero lo que es importante es que necesitas reconocer tus errores y levantarte de nuevo. Eso es lo que muestra lo comprometido que estás para alcanzar tu objetivo final.

Continúe Abordando el Crecimiento con Coherencia y Pasión

La persistencia y la consistencia son las dos cualidades más importantes que le ayudarán a progresar en la vida. Y ambas cualidades son posibles sólo cuando tienes la pasión por lo que estás haciendo. Pero si no se tiene en cuenta de forma regular, estas cualidades pueden ser difíciles de mantener. No tengo ninguna duda sobre el hecho de que ya sabes qué beneficios puede darte la consistencia en la vida. No importa el logro que quieras tener en la vida, la consistencia es la clave para ello. De acuerdo con la definición del término, tratar de obtener un resultado favorable en un campo elegido desarrollando una disciplina se llama consistencia.

Si implementas un esfuerzo concertado para mantener un enfoque duradero, entonces estás obligado a ser recompensado con el éxito después de un cierto punto de tiempo. Hay una base científica para esto también. Cuando usted está tratando de lograr algo enfocando toda su atención en sus objetivos, su cerebro también es estimulado para fijar su enfoque en el objetivo. Cuando alguien quiere un resultado favorable, se vuelve esencial que haga su determinación incesante. Cuando la gente domina el arte de la consistencia, automáticamente desarrolla un impulso interno que es inquebrantable. También tienen una mente afilada y empiezan a desarrollar su carácter también.

Aquellos que tienen éxito en ser consistentes con su enfoque hacia el crecimiento saben cómo invocar resultados positivos y no están dispuestos a hacer ningún compromiso confiando en el camino menos transitado o en el recorte de gastos. Y como el mercadeo en red es más bien un objetivo orientado a una tarea, ser consistente es la clave, ya que le ayudará a seguir sus resultados hasta el final. Y debe tener en cuenta una cosa: cuando está empezando a entender el concepto de la comercialización en red, es posible que no pueda ver ningún resultado visible a simple vista. Pero si está haciendo todo bien, los resultados probablemente se están estableciendo como la base de su negocio. Todo lo que necesitas hacer es ser paciente y tendrás la experiencia de un éxito total.

Respétate a Ti Mismo y a Tus Necesidades

El amor propio y el respeto a sí mismo no sólo son esenciales para llevar una vida feliz sino también exitosa. Y la parte más importante es que también se aplican a la comercialización de la red. Llega un momento en la vida de todos cuando las influencias externas tienden a quitarte tu autoestima, pero en ese momento, tienes que mantenerte fuerte y resistirte a que eso suceda. Como ya debes haber entendido, el mercadeo en red se trata de construir tu red y así involucrar a otros. Así que, siempre que hablamos de contacto humano, el respeto se convierte en un aspecto crucial.

Pero no puedes esperar que alguien te trate con respeto si no te respetas a ti mismo en primer lugar. Así que deja de tratarte como basura y empieza a considerarte digno de todo. Inmediatamente te darás cuenta de la gran diferencia que va a suponer. Por lo tanto, tienes que pensar en tus necesidades y en el mercadeo en red, esto significa que no debes comprometerte con nada ni conformarte con nada menos que lo que quieres.

Necesitas aceptarte a ti mismo y por una vez luchar por lo que quieres. Si quieres una cierta cantidad de tasa de compensación, no te conformes con algo más bajo que eso. Si crees que necesitas unos días de descanso, adelante y tómatelos. Si no haces las cosas que te hacen feliz, no te sentirás motivado para trabajar por tu éxito. Además, si pasas tus días tratando de impresionar a los demás, nunca serás capaz de vivir por ti mismo. Construye fuertes creencias pero también acepta los cambios. Hagas lo que hagas, mantente firme en cada situación que se te presente.

Concéntrate en Expandirte en Todas las Formas que Puedas

Para cada comercializador de la red, la expansión de su negocio debe estar entre las cosas principales de su lista de prioridades. Necesitas capturar los beneficios del mercadeo en red y luego usarlos como palanca si realmente quieres expandirte. Pero primero, necesita construir su mentalidad de tal manera que esté dispuesto a hacer lo que sea necesario para expandirse. Si tienes miedo de hablar con la gente, entonces necesitas ser capaz de salir de ese caparazón. Del mismo modo, si tienes otras inseguridades de este tipo, necesitas tratarlas una por una.

Tu próxima tarea es desarrollar tu mentalidad empresarial para que puedas empezar a reclutar gente en tu red de manera efectiva. Nunca te disculpes por acercarte a alguien. Necesitas ser audaz y confiado. También necesitas saber cómo puedes aumentar tu círculo de amigos en el mundo del mercadeo en red. Comparte tus pasatiempos con la gente que ya está establecida aquí para que puedas aumentar tu contacto con ellos. Pero hacer amigos no significa necesariamente que tengas que reclutarlos a todos. Simplemente significa que consigues que más y más gente interactúe y comparta tus conocimientos sobre este tema. Si te resulta difícil hacer esto, entonces prométete a ti mismo interactuar con al menos una o dos personas en un día y de esta manera, se convertirá en un hábito diario para ti.

Siempre mantente preparado para tu lanzamiento. Tenga listos videos o artículos que expliquen su negocio y manténgalos a mano para que pueda producirlos cuando vea que es el momento adecuado. También necesitas mejorar la calidad de tu narración si quieres ser un buen vendedor en red. Cuanto más impactante y alentadora sea su historia, más gente se unirá a ella. Debes ser enérgico, vibrante y siempre entusiasta, porque ¿por qué la gente debería trabajar contigo si no estás entusiasmado con tu propia empresa?

Estar Dispuesto a Buscar y Aceptar la Retroalimentación de Otros

Nadie es perfecto y no importa lo bien que le vaya en su negocio, tendrá que aprender a enfrentarse a las críticas porque es inevitable. Ese momento en el que alguien da una opinión negativa sobre tu trabajo es una de las cosas más difíciles de tratar. Definitivamente no es la actividad favorita de nadie. Pero perderás muchas lecciones si empiezas a evitar estos comentarios porque algunos de ellos pueden ayudarte a mejorar. Entonces, ¿cuál es la solución? Tienes que aprender cómo puedes aceptar los comentarios de los demás. Cuando la recibas de la manera correcta, verás por ti mismo cuán diferente es el resultado de la retroalimentación.

Cuando escuchas a alguien que te dice que te equivocaste o que lo que hiciste estuvo mal, definitivamente es un momento difícil para ti. Esa crítica empieza a sonar como una amenaza para ti y tu cerebro trata de evitarla por completo. Otra cosa importante que la psicología afirma sobre la crítica es que nuestro cerebro está programado de tal manera que a menudo retuerce las críticas en lugar de cambiar su forma de pensar. Por lo tanto, nunca recuerdas realmente cuál fue exactamente la crítica. Sólo recuerdas lo que descifraste que era.

Entonces, ¿cómo puedes aprender a aceptar la retroalimentación? Hay dos cualidades importantes que te ayudarán a aceptar la retroalimentación y son – la autoeficacia y la autoestima. Estas dos cualidades pueden cambiar tu comportamiento hacia la retroalimentación. Debes sentirte cómodo tanto con tus limitaciones como con tus talentos. Sólo así podrás mejorar tu vida de una manera más fácil. Pero, ¿con lo que estás luchando es con la baja autoeficacia y la autoestima? Bueno, la única manera de resolver el problema es empezar a establecer micro-metas y luego lograrlas para que puedas hacer un pequeño progreso cada día. Necesitas cultivar una mentalidad que se base en el crecimiento y entonces empezarás a notar la retroalimentación a la luz de la mejora.

Comprométase a Aprender Sobre su Negocio e Industria

Si usted ha tomado la decisión de iniciar su propio negocio y luego entró en el mundo de la comercialización de la red, entonces necesita aclarar una cosa – su negocio de comercialización de la red requiere el mismo grado de compromiso que el de cualquier negocio tradicional. La gente a menudo sucumbe a la idea de que su negocio no está cosechando los resultados que quería o que los resultados no están llegando tan rápido como ellos querían. Pero es necesario comprometerse a aprender más sobre su negocio y su industria si quiere tener éxito aquí. Cada negocio funciona a su manera y si quieres dominarlo, necesitas aprenderlo.

Necesitas exponerte a las diversas terminologías usadas en el mercadeo en red porque este es el primer paso. Si no conoces los términos utilizados, ¿cómo vas a conversar con los demás? También necesitas preguntar si algo no está claro para ti. No hay vergüenza en preguntar y los únicos cobardes son aquellos que se retiran de preguntar.

Piénsalo de esta manera – ¿cómo gana dinero un médico? Gana dinero vendiendo sus conocimientos en forma de prescripción de medicamentos a sus pacientes. Usted está haciendo lo mismo a su manera. Tienes que usar tu conocimiento para obtener beneficios. Pero primero, tienes que obtener ese conocimiento y tienes que comprometerte a aprenderlo. No importa cuál sea tu posición financiera, tus habilidades y conocimientos siempre jugarán un papel importante. Puedes obtener el conocimiento de la manera que creas conveniente. Puedes tomar cursos o incluso auto-educarte. La elección es tuya. Además, también puedes acercarte a alguien que te sirva de mentor.

Así que estas son algunas de las formas en que puedes construir tu compromiso en el mercadeo en red. Salga de su zona de confort y realice los cambios necesarios y se verá avanzando hacia su objetivo. Es normal tener miedo, pero no dejes que tus miedos te controlen o te impidan expandir tu negocio porque entonces, serás el único que pierda algo.

Capítulo 5: Promoción de sus Productos y Eventos

El negocio del mercadeo en red se basa en los productos, por lo que promoverlos es crucial si se quiere obtener algún beneficio. En consecuencia, la celebración de eventos y la promoción de los mismos es igualmente importante porque eso le ayudará a construir relaciones más fuertes. Estos eventos también pueden ser utilizados como el lugar donde educar a otros acerca de su producto y por qué deben elegirlo. En esencia, la comercialización en red consiste en crear relaciones y mantener una comunicación eficaz. Por lo tanto, siga los consejos que se mencionan a continuación y promueva sus productos y eventos.

Construye una Marca para Ti Mismo

La competencia en el espacio de la comercialización en red o MLM está aumentando cada día y por lo tanto lo que traes a este mercado debe ser único. Y qué es más único que tu propia personalidad! Por lo tanto, siempre se aconseja que te marques a ti mismo. Y para hacer esto, una cosa que tienes que asegurarte es que todas tus plataformas de medios sociales estén centradas en ti y que lleven tu imagen y tu nombre. Si quieres estar seguro de tu posición en el mercado, entonces tienes que hacerte la marca. No quieres ser recordado como la "persona que vende el producto X", ¿verdad? Debes ser recordado por tu nombre y para eso, tienes que construir una marca para ti mismo.

No es tan difícil como te lo imaginas. Tienes que ir paso a paso y definitivamente tendrás éxito en ello. Para hacer la marca correctamente, usa tus propios productos con orgullo y sin importar la conversación que tengas, refiérete a tu marca y productos. Si consideras la incorporación de la marca de la empresa como una estrategia para el crecimiento del negocio, entonces otros (sobre todo tus potenciales clientes potenciales) comenzarán a entender tu valor y sabrán que tú eres el verdadero negocio aquí. Una de las primeras cosas que necesitas asegurar es mantener tu palabra. Si decides o dices que vas a hacer algo, entonces síguelo hasta el final.

Las empresas irán y vendrán, pero tienes que recordar que estás aquí a largo plazo y te quedarás aquí incluso después de que las empresas se hayan ido. Todo el mundo tiene un punto de partida, así que no importa que empieces desde cero. Nunca es demasiado tarde para dar el primer paso. Tienes que decidir la dirección de la marca primero. Concéntrese en la construcción de una base de clientes leales para estar seguro de que siempre tendrá un grupo de clientes que estén genuinamente interesados en su marca.

También tienes que averiguar qué es lo que más te gusta. Si te confundes con esta parte, pregúntate, ¿de qué no te arrepentirás de haberte contentado incluso dentro de 10 años? Si te tomas este negocio en serio, eso significa que tienes que pensar a largo plazo y que no sirve de nada elegir algo sobre lo que rápidamente perderás todo tu interés. La gente siempre prefiere a los que tienen confianza en sí mismos y cuando eliges algo que te gusta, automáticamente te sentirás seguro al hablar de ello.

Aprovechar las Ventajas de la Comercialización del Vídeo

Cuando se trata de la caja de herramientas promocionales, el marketing de video es definitivamente un arsenal muy poderoso sobre todo porque puede impactar profundamente en su audiencia.

Los videos son más memorables que cualquier otra forma de contenido y también son muy atractivos. Pueden establecer una conexión más profunda y emocional con tu audiencia y necesitas aprovecharla al máximo. ¿Estás confundido acerca de cómo empezar? Entonces aquí hay algunas formas que puedes implementar.

- **Preséntate** – Esta es la primera y principal cosa que necesitas hacer. Definitivamente necesitas tener un video introductorio porque eso explicará a tu audiencia quién eres, qué productos vendes y qué valor puedes agregar. Además, con un video, puedes impartir fácilmente tu personalidad a tu marca. Pero también debes pensar en la personalidad que debes retratar. Por supuesto, mantenerse natural es bueno, pero también hay que pensar en ello desde el punto de vista de los negocios. Averigua quién es tu público objetivo y luego averigua qué tipo de personalidad les gustaría ver.
- **Comparte detalles sobre tu negocio** – Se ha visto que la gente siempre se siente atraída por los videos que son explicativos. Por lo tanto, cuando haces la introducción, es natural que la gente se interese por tu negocio, pero tienes que captar su atención y mantenerlos sentados hasta el final del vídeo. Incluso puedes retratar cómo se pueden implementar los productos en la vida real o también puedes mostrar algunos trabajos entre bastidores en tu oficina.
- **No te olvides de los testimonios de los clientes** – Cuando tu público vea a clientes satisfechos diciendo cosas buenas sobre tus productos, automáticamente dejará un impacto positivo en la mente de la audiencia. Además, esto beneficiará a su SEO en la difusión de una palabra positiva sobre su negocio. Otra cosa es que cuando la gente se da cuenta de que usted se ha tomado el tiempo para recoger los testimonios de sus clientes actuales, significa que usted

se preocupa por ellos. Por lo tanto, usted está dando una prueba social muy fuerte sobre la calidad de sus productos y la confianza de la gente en su marca.

- **Responder a las preguntas** – Tu público puede tener algunas preguntas sobre tu negocio o productos, así que haz un vídeo al estilo de las preguntas frecuentes en el que puedas responder a las preguntas más frecuentes. O bien, también puedes preguntar a tu público en los medios sociales sobre las preguntas que tienen y luego responderlas todas a través de un vídeo. Esto te ayudará a generar clientes leales.

Crear Contenido Específicamente para tu Cliente Ideal

El tipo de contenido que estás creando juega un papel muy importante en la atracción de clientes potenciales. Si estás en este mundo de la comercialización de Internet, entonces en un momento u otro, debes haber oído la frase – "el contenido es el rey" ¡y realmente lo es! Mientras que esto puede parecer simple para ti ahora, hay mucho trabajo que se hace en el fondo. Además, la creación de contenido para su cliente ideal es una parte muy crucial de la estrategia del SEO. Es por eso que necesitas tener todo el conocimiento sobre tus clientes, ya que perder los detalles significaría un contenido de calidad inferior también.

Existe un mito que afecta al mundo del mercadeo en red y ese mito dice – el contenido es para la publicidad. Bueno, la imagen puede ser algo así, pero el principal objetivo del contenido es educar y mantener a su audiencia involucrada. En la mayoría de los casos, cuando la gente practica una actitud de venta directa en su contenido, la audiencia no prefiere dicho contenido. Su contenido debe ser capaz de interesar a su cliente y también debe tener la capacidad de ayudarle a formar una relación con su cliente. Cada pieza de contenido debe agregar algún valor y usted debe planear el contenido para el futuro.

Tienes que entender que no todo es sobre ti. Debes tratar de presentar tu personalidad pero eso no significa que el contenido tenga que ser sobre ti. Cuando haces el contenido sobre ti, no importa lo bueno que sea, puede que no genere ninguna pista. Por supuesto, puedes hablar de los logros en tu vida personal para que tu audiencia te vea como el líder, pero nunca debes pensar en tus propios logros. Su contenido debe estar enfocado en atender las necesidades de sus clientes y algo que les haga querer compartir su contenido en los medios sociales.

Debes tener una imagen clara y detallada de tu audiencia fijada en tu mente. También tienes que averiguar el objetivo de tu contenido y qué resultados quieres. Una vez que hayas hecho ambas cosas, encontrarás que la lluvia de ideas más nuevas se hace mucho más fácil. Necesitas pensar como tu audiencia para crear un contenido que les atraiga. La esencia de la creación de una estrategia de marketing a largo plazo es siempre ponerse en el lugar de su cliente.

Asistir a los Eventos a los que su Público Asistiría

Una de las estrategias clave del mercadeo en red es que asista a más y más eventos. Debes seleccionar estos eventos en base a tu audiencia. Necesitas ir a esos eventos donde tu audiencia también va. Deje de adoptar el enfoque que todos los demás están usando. Construya su propio camino. Asistir a los eventos te ayudará en la investigación de mercado. No sólo aprenderás sobre los esfuerzos que están haciendo tus competidores, sino que también aprenderás lo que otros individuos con ideas afines tienen que decir. Si usted piensa que la investigación de mercado es algo que sólo se puede hacer en la fase inicial de su comercialización en red, entonces está equivocado. La investigación de mercado es un proceso continuo y nunca debe dejar de hacerse aunque haya alcanzado un cierto nivel.

Cuando asista a eventos específicos de su nicho y su audiencia, se mantendrá en el conocimiento de los eventos recientes. Esto evitará que corras hacia algo que ya está obsoleto en esta industria. Aprenderás las cosas que tu audiencia piensa que son importantes y así la hoja de ruta hacia tu objetivo será trazada. La parte de la red de mercadeo es de gran importancia, pero los principiantes a menudo olvidan que también hay que construir una red fuera de su propio entorno.

Cuando asista a eventos de su industria, conocerá a mucha gente e incluso podría comenzar a obtener algunas ideas nuevas después de hablar con los que ya están en esta industria. También conocerás a algunas personas influyentes y, sobre todo, a tu público.

Cuando te encierras entre cuatro paredes de tu oficina o casa, conseguir nuevas ideas puede ser un poco difícil. Pero cuando salgas y converses con otros, podrías obtener un nuevo ángulo de algo viejo y aburrido. Además, cuando tu público está presente en el mismo evento, obtendrás una mejor comprensión de sus problemas y qué es exactamente lo que esperan de los productos. También podrás ver de cerca a tu público y esto te dará una mejor idea de quiénes son y con qué estrategias puedes captar su atención.

Mostrar los Productos en Uso

Así que, ahora que has descubierto los fundamentos de la promoción de productos y eventos, vuelvo al punto que había mencionado una vez en los párrafos anteriores, es decir, mostrar tus productos en uso. La prueba social actúa como magia en su audiencia e instantáneamente comenzarán a tener fe en su marca y sus productos. Y si no son conscientes de esto, entonces sepan que pueden hacer mucho más que sólo publicar fotos a través de los medios de comunicación social. Puedes crear una sólida campaña de UGC o de contenido generado por el usuario porque puede dejar un gran impacto.

Cuando la gente realmente ama sus productos, les encantará crear videos o fotos que los rodeen. Ya sea que simplemente estén charlando sobre su producto o usándolo en una foto o video, no hay otra forma más auténtica de presentar su producto. De esta manera, puedes llegar a un público mucho más amplio. Ahora, tal vez te preguntes cómo puedes hacer que tus clientes creen este tipo de contenido. Bueno, la forma perfecta de hacerlo es simplemente pidiéndolo. Facebook es una plataforma increíble para hacer esto.

Se ha visto que el 62% de los clientes prefieren que la marca cree algún contenido que demuestre cómo pueden realmente implementar el producto en su vida diaria. También puedes empezar a hacer videos en vivo de Facebook donde puedes responder las preguntas comunes hechas por la audiencia, promover las ventas y también compartir algunos hechos creativos sobre tu producto. Otra cosa que puedes hacer es utilizar algunos UGC en tus propios vídeos, así, mostrar a tu público cómo los usuarios existentes han utilizado tu producto.

Si quieres llegar a nuevos clientes que tengan los mismos gustos y preferencias que tus clientes actuales, entonces lo que puedes hacer es trabajar para mejorar las referencias de los clientes. Si has ganado una cantidad considerable de seguidores en tus páginas sociales, entonces puedes simplemente enviar un correo a tus clientes para que te den una pequeña reseña si les ha gustado tu producto y aquellos que lo han amado de verdad no dudarán en darte una buena reseña. Siempre que consiga una calificación de 5 estrellas en sus páginas sociales, puede tener un efecto increíble en los resultados de los motores de búsqueda y llevar su página automáticamente a la primera página de la búsqueda de Google. No importa el esfuerzo que haga falta, tener una prueba social de sus productos definitivamente vale la pena.

No Te Centres Totalmente en las Ventas

Hay que tener en cuenta muchas cosas porque el mundo del marketing de red se basa en la gente y hay que tratar con diferentes tipos de personas al mismo tiempo. Habrá gente con diferentes intereses y de diferentes edades. Por lo tanto, antes de empezar a centrarse por completo en las ventas, tienes que aprender cómo puedes relacionarte con estas personas. Cuanto más te relaciones con ellos, más entenderás su punto de vista. Por supuesto, necesitas mantener una individualidad para destacarte, pero demasiado de eso puede arruinar tu negocio también. Por lo tanto, tienes que ser un poco más afín renunciando a algo de esa individualidad.

Cuando invitas a otros a echar un vistazo a tus productos y a tu negocio, no debes tratar de vender algo tanto como para que la persona que está frente a ti se irrite. Necesitas recordar que este es un proceso de doble sentido. Sólo puedes vender a alguien que esté dispuesto a comprar. El estigma que se asocia con el mundo del mercadeo en red ha sucedido debido a un puñado de personas que son tan molestas y no saben que a veces sólo tienen que aceptar un "no" por respuesta.

Hacer amigos en la industria. No necesitas despertarte cada mañana estresado con el hecho de que tienes que hacer un nuevo prospecto hoy. Cada persona que conoces no tiene un blanco en la frente, así que no debes tratarla así. En su lugar, sé amigable y sé sutil cuando menciones tu negocio. Tienes que hacer que tu forma de presentación sea interesante para que la persona esté genuinamente interesada en ella. Tienes que producir algún valor y encontrarás a la gente acudiendo en masa hacia ti.

No practique estrategias agresivas. Concéntrate en tu tiempo y energía en la calidad. Además, debes tener confianza en lo que vendes, porque si no estás seguro de tu propio producto, ¿por qué deberían estarlo los demás? Y por último, el fracaso es algo real, pero eso no significa que debas tener miedo. Sólo sigue con tu plan y espera a ver los resultados.

Capítulo 6: Presentando su Oportunidad a los Prospectos

Hay un término que se utiliza ampliamente en el mundo de la comercialización en red y este término se llama – "prospección". Es el proceso de averiguar quiénes son las personas potenciales que podrían tener algún interés en su negocio. Cuando se trata del mercadeo en red, estas personas potenciales podrían querer comprarle un producto o podrían tener algún interés en unirse a su negocio. Este capítulo se va a centrar en cómo puede presentar su oportunidad a sus prospectos y hacer que se interesen por su negocio.

Invitándolos a Acercarse a Usted

Empieza haciendo una lista de tus prospectos. Si quiere construir un negocio estable de mercadeo en red, entonces uno de los pasos importantes del mismo es hacer una lista de las personas que sabe que podrá acercarse e invitar. Entonces estas personas vendrán y echarán un vistazo a su idea. Este paso tiene un papel importante que desempeñar, sin embargo, la mayoría de los vendedores de la red pasan por alto su importancia. No dar a este paso la suficiente importancia podría incluso darle un mal comienzo de la recuperación de la cual tomará bastante tiempo.

Otro consejo importante para usted cuando esté haciendo esta lista de prospectos – nunca piense en quién podría estar interesado en escucharle y quién no. Esto se debe a que nunca sabrá con seguridad si no habla de su negocio con ellos, y tachar un nombre de la lista puede llevarle a perder un posible cliente. Así que deja de prejuzgar a la gente y empieza a pensar en algunos nombres de inmediato. Bien, ahora que tiene su lista de prospectos lista a mano, es hora de que usted dé el segundo paso. Tienes que llamar a estos prospectos e invitarlos a venir. Debes declarar la invitación de manera que tu esfuerzo les interese también.

No hay una manera correcta o incorrecta de acercarse y lo que funciona para alguien más puede no funcionar para usted, pero no hay nada malo en intentarlo. Por lo tanto, si usted está trabajando para una compañía de mercadeo en red, eche un vistazo a sus métodos de prospección y qué enfoque utilizaron. Comience a implementar este enfoque en sus métodos y luego siga revisando su progreso de vez en cuando. Si cree que no está siendo capaz de alcanzar los resultados que pensaba, es hora de reevaluar sus métodos y encontrar los defectos. Incluso puedes acudir a tu mentor porque a veces un pequeño cambio es todo lo que necesitas y un ojo experto puede ayudarte con eso.

No esperes que las cosas empiecen a dar resultados inmediatamente. Cuando emprendes algo nuevo, ¿te conviertes en un experto desde el primer día? No, ¿verdad? Del mismo modo, para el marketing de redes, necesitas darle tiempo para que se adapte y, una vez que estés en la onda de las cosas, todo empezará a encajar.

También deberías invitar a más gente de la que realmente anticipas que aparecerá. En resumen, si quieres que 30 personas asistan a tu evento o reunión, entonces deberías invitar al menos a 50 de ellas.

Deje Que Le Hagan Preguntas

El objetivo principal que debe tener cuando se acerca a sus clientes potenciales es que su producto sea capaz de plantear la solución a los problemas de sus clientes potenciales. Por lo tanto, usted necesita entender cuáles son las necesidades de sus prospectos. Debe dejar que ellos hagan sus preguntas. Esto se debe a que cuando empiecen a hacer las preguntas, se revelará mucho sobre lo que quieren lograr. Algunas de las preguntas comunes que sus prospectos pueden hacerle se enumeran a continuación –

- **¿Quién es su cliente objetivo?** Esta es una de las preguntas más comunes ya que todos los posibles clientes quieren saber si su producto les será beneficioso. Si su producto no se ajusta al tipo de clientes con los que los prospectos tratan, no habrá beneficios para el prospecto y por lo tanto se echarán atrás en cualquier trato. Cuando les des una respuesta a esta pregunta, estarán analizando tu respuesta para buscar cualquier inconsistencia entre el tipo de clientes objetivo que tienen y el tipo de comprador que tu producto necesita. Es exactamente por eso que la necesidad de investigar a sus prospectos antes de llegar a ellos es esencial. Cuando su respuesta sea al grano, sus prospectos sabrán que los ha investigado bien. Su respuesta debe ser satisfactoria para que sepan por qué son los clientes perfectos. Tiene que hacer que sus prospectos sientan que su producto es el perfecto para ellos.
- **¿Utiliza su propio producto?** El hecho de que un comercializador de red utilice su propio producto actúa como una prueba de fuego. Esto demuestra que no sólo habla de las ventajas que ofrece el producto, sino que también cree en ellas. Necesitas salir de esos guiones de ventas pre-escritos y hacer tu punto. Su experiencia como usuario de primera mano a menudo impresionará más a sus prospectos. Si quiere causar una mejor impresión, puede reunir algunos testimonios de sus clientes y presentarlos a los prospectos.

Lidere la Conversación Sin Presión

Salir de su zona de confort y conversar con otros es la forma en que debe proceder con el mercadeo en red. Si comienza a hacer esto, verá un crecimiento gradual. Pero también debe tener confianza en sus conversaciones y practicar liderar las conversaciones sin mostrar ningún síntoma de estar bajo presión. Además, debe sonar natural y no comenzar a presentarse como vendedor. Debe entablar una conversación sobre su producto y sus prospectos. No debería ser completamente acerca de usted. ¿Alguna vez usted ha escuchado a alguien hablar tanto de sí mismo que la otra persona se aburrió? Si es así, entonces sabrá de lo que estoy hablando. Casi parece que la persona simplemente está hablando consigo misma y no para prospectar.

Varios factores impresionan a las perspectivas y hacen que la conversación sea excelente. En primer lugar, cuando hablas con confianza, la persona frente a ti te tomará en serio. Debe hacer que su conversación sea atractiva e interesante para que haya un flujo perfecto. Cuando dirija la conversación con confianza, notará lo fácil y fluido que es y se moverá de un tema a otro orgánicamente sin presionar demasiado.

Si desea construir una relación a largo plazo con sus prospectos donde estén satisfechos de trabajar con usted, aclarar sus expectativas forma una parte importante de todo. Debe preguntar a sus prospectos cuánto esperan ganar de la empresa para que valga la pena su tiempo. Esta forma de formular su pregunta es mucho mejor que simplemente decir: "¿Te encantaría ganar $ 15.000 al mes?" No debería establecer el objetivo de alguien para ellos. Debería darles la libertad de elegirlo ellos mismos. Cuando haga esto, su prospecto estará eligiendo algo que saben que pueden lograr. Si enmarca el objetivo, entonces podría ser demasiado alto y asustarlo y, por el contrario, si es demasiado bajo, sus perspectivas podrían perder su interés por completo.

Pregúnteles cuántas horas están dispuestos a comprometerse con la causa y cuánto tiempo creen que será necesario para que alcancen el éxito si continúan trabajando de manera constante. Esto asegurará que usted obtenga un compromiso a largo plazo de esta persona.

Cree Sutilmente un Sentido de Urgencia

Si bien su producto es el perfecto para su prospecto y está ofreciendo buenos descuentos, hay una cosa que se está perdiendo. No está creando un sentido de urgencia. Para hacer eso, debe hacer las preguntas correctas y debe hacer que su prospecto piense que están en una situación insatisfactoria con su negocio. Cuando no hay urgencia, las personas generalmente no toman ninguna medida. Comienzan a postergar y toman toda una vida para llegar a cualquier conclusión. Pero cuando crea una situación en la que el tiempo es un parámetro sensible, sus perspectivas no retrasarán sus decisiones. Y usted lo hará haciendo algunas preguntas.

- **Pregunte cómo va su negocio** – Pregunte el tamaño de su empresa actualmente en términos de varios factores, como el número aproximado de clientes, los ingresos anuales y el número de empleados. Una vez que haga esta pregunta, obtendrá una idea sobre cuál es la visión de su prospecto y qué obstáculos se interponen en su camino actualmente. También debe preguntarle a su prospecto si su negocio está floreciendo o si está sufriendo algún revés. Esto le recordará instantáneamente a la persona frente a usted que tiene objetivos comerciales generales y esa es su señal para hacerles creer qué papel importante jugará su producto para ayudarlos. También puede incluir información nueva, por ejemplo, una nueva tendencia en el mercado, y preguntarle a su prospecto si sabían sobre esto o no. Debe elegir algo de lo que su prospecto probablemente no sea consciente. Al conocer esta nueva información, lo verán de una manera más creíble y querrán actuar lo antes posible.

- **Pregunte sobre sus puntos debiles** – Necesita saber qué puntos debiles está experimentando su prospecto y luego debe preguntarles por qué están tratando de resolver esos puntos debiles ahora. La respuesta le dará conocimiento sobre la urgencia que el prospecto ya enfrenta. Pregúntele sobre los efectos del problema en sus ingresos y otros factores y si el problema está afectando a muchas personas o no. Cuando el prospecto responda esta pregunta, comenzará a darse cuenta de que los efectos están bastante extendidos y deben comenzar a hacer algo al respecto.

- **Pregunte sobre la competencia** – Debe preguntar sobre la cantidad de competencia que enfrenta su prospecto. De hecho, la mayoría de las industrias se están volviendo competitivas, pero cuando su prospecto responda esta pregunta, se dará cuenta de que deben actuar ahora para poder adelantarse a los demás. También puede preguntarles si han perdido algún gran cliente en algún momento o recientemente. Si dicen que no, entonces puede apreciarlo y luego decir sutilmente lo malo que sería si el 20% de los ingresos simplemente desapareciera de repente si le sucediera a usted. Si dicen que sí, que han perdido clientes, se dará cuenta de que su prospecto está listo para tomar precauciones para que no tenga que enfrentar tales problemas más adelante. También debe preguntar sobre el incidente porque cuando su prospecto exprese una pérdida tan grande, estará aún más ansioso por evitar tal catástrofe en el futuro. Entonces, será su deber mostrar cómo su producto puede resolver el problema.

Tenga un Recurso Disponible Para que lo Lean

El objetivo subyacente de la prospección siempre será una comunicación efectiva y finalmente ganarse al prospecto de su lado. Después de hablar con el prospecto, siempre debe mantener algunos recursos disponibles en formato físico o digital para que esa persona pueda leerlo. Esto despejará cualquier duda que el prospecto pueda tener sobre su negocio. Hay varios otros beneficios de mantener un recurso disponible también.

Uno de los principales beneficios es que el recurso podrá educar a su prospecto sobre su negocio de manera detallada. Además, el recurso escrito actuará como un resumen de lo que acaba de explicar al prospecto en palabras. Debe tener mucho cuidado al enmarcar este recurso. Debe hacerlo integral porque solo entonces su prospecto comprenderá que tiene la competencia para hacer lo que sea necesario para cumplir con sus requisitos.

En términos más simples, el recurso que enmarca tiene que ser valioso para su perspectiva. Debería ser convincente pero no demasiado agresivo. No hay una longitud estándar para componerlo. Todo lo que tiene que hacer es asegurarse de haber cubierto todos los puntos importantes en un formato compuesto. No exagere o no escriba pasajes demasiado largos que el prospecto encuentre aburrido de leer. Manténgalo atractivo, simple y fluido. Mantenga el tono general cálido y asegúrese de transmitir todo lo que necesita para ganarse al prospecto. Además, puede ajustar los recursos cada vez que se encuentra con un nuevo prospecto y personalizarlo para él/ella. Si lo hace, el prospecto comprenderá que está realmente interesado en trabajar con ellos y que ha realizado su investigación.

Siempre Solicite Seguimiento

El seguimiento es una parte crucial de su negocio de mercadeo en red cuando está invitando a sus prospectos. Pero las personas a menudo lo hacen de la manera incorrecta y esto arruina la cantidad de suscripciones que podría haber obtenido. Si está pensando que su prospecto se registrará con usted justo después de la primera reunión, entonces está equivocado porque la mayoría de las veces, no lo hacen. Una sola exposición generalmente no es suficiente para hacer que alguien diga que sí. Tendrá que dedicar algo de tiempo a educar a sus prospectos y solo entonces tendrán una comprensión completa de la oportunidad en cuestión.

Es posible que haya hecho una lista interminable de prospectos e incluso podría haber presentado la mejor presentación que alguien podría dar, pero, ¿eso significa que se ha ganado su confianza? ¡No! No quedarán impresionados a menos que envíe un seguimiento. Esto es lo que mantiene la conversación y también construye una base para el desarrollo de su relación. Después de eso, sus prospectos tomarán una decisión. En primer lugar, debe establecer una hora específica y eso también durante su primera reunión con el prospecto. Cuando termine ese tiempo específico, enviará su primer seguimiento. No puede retroceder después de una semana y de repente decidir que no va a enviar el seguimiento porque eso solo muestra cuán profesionalmente ineficiente es. No se eche atrás en su palabra.

El seguimiento no es más que una segunda forma de exposición después de su primera reunión con el prospecto. Cuanto mayor sea el número de exposiciones, más se inclinará su perspectiva a tomar la decisión. Debe tener en cuenta que el objetivo de enviar seguimientos es educar a sus clientes y no molestarlos para que se registren. Si un seguimiento no lo ayuda, debe enviar seguimientos después de los seguimientos. Puede hablar sobre historias reales en las que la vida de las personas ha cambiado después de usar su producto. Entonces, de esta manera, fomentará una relación con su prospecto.

Siga todos los pasos mencionados anteriormente correctamente y sea coherente porque la excelencia se adquiere solo si continúa practicando.

Capítulo 7: Conversión de Prospectos en Distribuidores o Clientes

Ahora que ha aprendido la parte de presentación, el siguiente paso es aprender el arte de convertir a sus prospectos en distribuidores o clientes. Cuanto mayor sea el número de conversiones, más dinero ganará pero, lo que es más importante, también estará practicando una estrategia de conversión más inteligente. Entonces, aquí hay algunas formas en que puede convertir sus prospectos de manera efectiva.

Dedique Tiempo a Conocer a sus Prospectos

El primer paso para mejorar su tasa de conversión es mejorar sus propias habilidades. Necesita pasar un tiempo conociendo a su prospecto porque eso le dará una idea clara de dónde vienen y qué tipo de enfoque le ayudará a conquistarlos. Todos tenemos algunos puntos débiles que puede usar para hacer su lanzamiento. Por ejemplo, uno de sus prospectos podría ser un poco inestable sobre el lado emprendedor de todo el negocio de mercadeo en red. Por lo tanto, debe utilizarlo y comenzar allí.

Se encontrará con varias personas que simplemente están interesadas en ser un cliente y no un distribuidor. Es posible que no estén dispuestos a asumir tal responsabilidad en este momento. Su trabajo es no dejarlos sentir menos que los demás. Debe darles la misma importancia y hacerles sentir que está totalmente de acuerdo con usted, incluso si quieren asociarse con sus productos en este momento. Una vez que estén involucrados con su producto, manténgase en contacto con ellos a través de su boletín o sus redes sociales.

Una vez que establezca una conexión con los clientes y comiencen a ver la prueba social de sus productos, podrían estar interesados en ser un distribuidor después de un tiempo. Tiene que esperar la oportunidad correcta y luego volver a plantear el asunto. La mayoría de las personas que no aceptan convertirse en distribuidores de inmediato lo hacen porque temen que su conocimiento no sea suficiente para sobresalir. Pero siempre es su trabajo educarlos y hacer que se sientan seguros al respecto. Cuanto más conozca a su prospecto, mejores estrategias podrá desarrollar para convertirlos.

Iniciar la Conversación con una Pregunta

Una de las mayores dificultades que enfrenta cualquier comercializador de la red, que es nuevo en todo esto, es comenzar una conversación con el prospecto. Una vez que pase por esto, obtendrá una mejor idea sobre las estrategias que puede implementar. Bueno, para empezar, necesita relajarse y mantenerse seguro. Su conversación no debe sonar como charla de ventas o incómoda. Un error que todos cometen es que arrastran la conversación durante demasiado tiempo. ¡No! Si pasa la mayor parte de su tiempo simplemente tratando de construir una buena relación, podría tener el efecto contrario. A nadie le gustaría el hecho de que pase una hora hablando solo para decir que tiene algunas ideas de negocios para compartir y que este fue el punto de la conversación todo el tiempo.

Necesita llegar al punto y necesita encontrar un terreno común entre usted y el prospecto. Por lo general, es aconsejable que comience la conversación con una pregunta. Todos los rompehielos estándar en el campo del mercadeo en red son todas preguntas. La más común es comenzar con algo como: "¿Aspiras a tener múltiples flujos de ingresos?" Otra común es: "¿Te interesaría ganar algo de dinero adicional si no se mete con lo que ya estás haciendo?" Estos son algunos rompehielos antiguos y continúan funcionando incluso hoy en día, pero algunas personas dudan en comenzar con esto de inmediato. No se preocupe, yo también le tengo cubierto.

Una de las formas más fáciles de romper el hielo y comenzar una conversación con alguien que acaba de conocer es entablar una pequeña conversación pero con un motivo. Por ejemplo, puede notar los detalles en su apariencia y felicitarlos al respecto. Si le gusta lo que llevan puesto, solo dígales que le gusta y pregúntales de dónde lo obtuvieron. Continúe hablando con la persona y, finalmente, llegará al punto en el que podrá preguntarle a qué se dedica. Aprender acerca de la ocupación de la persona frente a usted le brinda la oportunidad adecuada para comenzar a hablar sobre MLM y su alcance.

Puede hacerlo como "Hago un negocio paralelo y esto me da tanto dinero". Comience a expresar todas las ventajas de hacer mercadeo en red. La mayoría de las personas, después de este punto de la conversación, se interesarán y le preguntarán por más detalles. Lo que puede hacer es darles su tarjeta de presentación y tal vez decir que tiene que asistir a una conferencia telefónica y se mantendrá en contacto para informarles sobre el resto de los detalles. La excusa para la conferencia lo ayudará a romper la comunicación y esto es necesario porque no debe dar demasiada información a la vez, ya que podría asustar a la persona e interrumpir la venta. ¡Pero no se olvide de seguirlos si les entrega su tarjeta de presentación y apunta a conseguir algunas suscripciones!

Responda a Cualquier Pregunta que su Prospecto Pueda Tener

¿Le emociona cada vez que usted está en una conversación de ventas? Bueno, todos lo hacen. Pero el truco es poder cerrar el trato y uno de los pasos clave para eso es responder a las preguntas que hacen sus prospectos de la manera correcta. Un enfoque aún mejor para responder las preguntas como un profesional es anticipar qué preguntas van a hacer y luego tener a mano todos los recursos y contenidos que necesita para que su respuesta suene profesional y convincente. Algunas de las preguntas comunes que su prospecto podría tener se enumeran a continuación –

- **¿Qué le hace diferente de los demás?** Debe saber que aquí es donde necesita hacerse parecer interesante y captar la atención de su prospecto. Lo que le hace diferente de los demás es lo que hará que los prospectos lleguen a usted. Puede hablar sobre lo que hace que su enfoque sea diferente. Concéntrese en las habilidades que tiene y también puede enfatizar el mensaje en forma de una página de ventas escrita que puede pasar a su prospecto. En esa página, puede mantener una parte titulada "Nuestra diferencia" y allí es donde explicará lo que lo hace diferente.

- **¿Qué puedo esperar si me registro con usted?** Es muy natural que los prospectos quieran saber acerca de sus procedimientos y los métodos que utiliza una vez que alguien se inscribe con usted. Entonces, lo que puede hacer es, puede abordar esta pregunta de inmediato en su conversación para que su prospecto se entere sin siquiera pedirla. Pero también debe asegurarse de que lo que diga suceda, en realidad lo hace porque esto sentará una mejor base para su relación con su prospecto. También puede incluir una parte de "Qué esperar" en el archivo de recursos o en la página de ventas que les pasa.

- **Si me registro con usted, ¿cómo puede ayudarnos?** Esto es algo similar a la pregunta anterior. La única diferencia es que aquí el enfoque está más en la mejora que ocurrirá y no solo en los métodos que usa. Debe responder a esta pregunta de manera que su prospecto comprenda cuánto valor imparte con sus servicios. No debe tratarse de vender sus productos, sino de los valores. También puede dar ejemplos que indiquen cómo han mejorado las empresas de otros prospectos después de haberse registrado con usted.
- **¿Cuánta experiencia tiene usted en esta industria?** Esta también es una pregunta muy común porque los prospectos pueden querer saber si ha trabajado en su industria o no. Esto se reflejará directamente en las habilidades que posee. Es por eso que debe tener una sección "Industrias atendidas" en su página de ventas. Si tiene un sitio web, incluya también esta sección allí. En esta sección, incluya algunos estudios de casos impactantes relacionados con esa industria en particular.
- **¿Cuál es su precio?** Aclarar el presupuesto es algo que debe hacer bastante temprano en su conversación para que el prospecto no tenga que hacerle esta pregunta en absoluto. Esto también garantiza que no haya pérdida de tiempo y que pueda ponerse a trabajar de inmediato. Muchas personas prefieren no publicar sus precios, pero incluso si elige hacerlo, asegúrese de tener diferentes niveles de ofertas de paquetes en su sitio. Esto les permitirá a los prospectos saber que si quieren interactuar con usted, pueden hacerlo a diferentes niveles.
- **¿Podemos contactar a alguien que haya trabajado previamente con usted?** Encontrará esta pregunta surgiendo con varios clientes, ya que tienden a sentirse más cómodos una vez que han hablado con algunos de sus clientes. Esto pone de manifiesto la importancia de mantener clientes felices. Si mantiene contentos a sus

clientes, ellos solo tendrán cosas buenas que decir sobre usted y esto le beneficiará mucho. Pero antes de dar el contacto de un cliente a un prospecto, asegúrese de hablar primero con el cliente. Y, siempre puede incluir testimonios de clientes en su sitio web para un énfasis adicional.

- **¿Quién será mi contacto principal?** Recuerde siempre que fue usted quien estableció la relación con su cliente para llevarlo a bordo. Entonces, si de repente dice que ha establecido a alguien nuevo para que sea su contacto principal, es posible que no esté muy contento con esto. Entonces, es por eso que necesita discutir esto al comienzo de su conversación, donde puede decir cómo se cuida todo el trabajo y quién desempeña qué papel en su negocio.

Haga su Discurso

Ahora que ha reunido algunos conocimientos, ¡es hora de que haga su discurso! Pero debe mantenerlo corto y simple. No lo haga demasiado largo. Pero asegúrese de cubrir todo en un corto período de tiempo y traer a casa el punto que está tratando de hacer. Nunca use ninguna jerga porque eso podría confundir a su prospecto. La mejor manera de hacer el discurso perfecto es practicar. Puede escribir lo que ha pensado y luego puede practicarlo una y otra vez para que todo le salga naturalmente y no parezca que lo has memorizado todo solo para la reunión.

Si bien sus palabras son de suma importancia en su tono, también lo es su lenguaje corporal. No solo debe sonar seguro, sino también verse seguro. No suene espeluznante o desesperado, solo sea natural. Use ropa elegante y párese derecho. Otra cosa que debe tener en cuenta es que su tono no debe sonar monótono. Su entusiasmo debe ser prominente porque eso hará que el prospecto se dé cuenta de que realmente ama lo que hace y que usted está feliz con los resultados.

¿Tiene la costumbre de hablar demasiado rápido? Entonces tiene que hacer algo al respecto también. Practique de antemano hasta que domine el arte de hablar al ritmo correcto. Cualquier anormalidad en su ritmo de expresión puede hacer que sus palabras no sean claras y su prospecto podría terminar malinterpretando sus palabras o no entendiéndolas en absoluto. La conclusión de todo esto es que su discurso tiene que ser bueno. Debe ser pegadizo y algo que sus prospectos puedan recordar fácilmente.

Cuando esté dando el discurso inicial, su objetivo debe ser identificar quién está interesado en hacer negocios con usted y quién no. Puede dejar el resto de los detalles para una presentación posterior donde puede dar un discurso más explicativo. Hacer una presentación completa a alguien que tal vez ni siquiera esté interesado no tiene sentido.

Capítulo 8: Crear un Sistema de Seguimiento Sólido

Cuando usted comienza con el mercadeo en red, su enfoque principal es correr la voz para que pueda atraer nuevos prospectos. Pero producir su discurso de la manera más emocionante no es donde consigue que el prospecto se suba a bordo. Hay mucho más que hacer que eso. Los principiantes en el mundo del mercadeo en red a menudo olvidan el hecho de que si quieren tener prospectos a bordo, tienen que darles una cantidad considerable de tiempo y, en ese tiempo, deben prepararlos y educarlos de una manera que el prospecto tome decisión de subir a bordo sin pensarlo dos veces. Y un sistema de seguimiento juega un papel muy importante en todo esto.

¿Cuándo Utilizar Seguimientos Automatizados?

Tener un sistema automatizado de seguimiento definitivamente ahorra mucho tiempo, especialmente cuando usted está ocupado con otros aspectos del negocio. Aquí hay algunas estadísticas reveladoras para usted que lo harán repensar su estrategia de seguimiento   −

- Entre los propietarios de pequeñas empresas, el 44% no realiza más de un seguimiento con sus prospectos
- El 10% de los propietarios de pequeñas empresas terminan haciendo más de tres seguimientos
- De todas las ventas realizadas en el mundo del mercadeo en red, el 80% se produce entre el 5º y el 12º de seguimiento.

Entonces, ¿ahora ve el error aquí? Un gran porcentaje de las empresas se están perdiendo sus oportunidades de cierre solo porque no están participando en un sistema de seguimiento efectivo y consistente. El problema con las pequeñas empresas es que tienen tanto que hacer por su cuenta que no tienen suficiente tiempo para realizar un seguimiento. Siempre tienen que hacer algo y, después de intentarlo un par de veces, pasan a la siguiente tarea en cuestión. Por lo tanto, no tienen la paciencia ni el tiempo para revisar manualmente todo el proceso de seguimiento de los correos electrónicos que se han enviado o rastrear a los clientes potenciales. Ahí es donde entra el papel de los seguimientos automatizados.

Con los seguimientos automáticos, tendrá sus campañas de correo electrónico listas a su disposición y estos correos electrónicos se enviarán incluso mientras está ocupado haciendo algún otro trabajo. Por lo tanto, no necesita preocuparse por enviar estos correos electrónicos. Y si está pensando que la automatización hará que sus correos electrónicos sean rígidos, entonces está equivocado. Con la nueva tecnología que está evolucionando, también puede personalizar sus correos electrónicos automatizados. Hay algunas perspectivas que requieren un seguimiento de al menos veinte veces antes de que finalmente acuerden unirse y hacer todos esos seguimientos manualmente puede ser bastante engorroso. Por lo tanto, un sistema de seguimiento automatizado será su salvador.

¿Cuándo Usar los Seguimientos Manuales?

Si un prospecto es demasiado importante y sabe que él/ella puede significar mucho para su negocio, puede omitir el proceso de seguimiento automatizado y hacerlo manualmente. De esta manera, puede modificar los correos electrónicos aquí y allá y hacerlo aún más personalizado. Esto también hará que el prospecto sienta que ha realizado su investigación y que está realmente interesado en tenerlo a bordo. Pero esto no significa que tenga que escribir todos los correos electrónicos. Puede crear sus propias plantillas y tenerlas a mano para estas situaciones. Entonces, todo lo que tiene que hacer es ajustar estas plantillas de vez en cuando según su perspectiva.

¿Cómo Crear un Sistema de Seguimiento Automatizado?

¿Confundido acerca de cómo debería ser su sistema de seguimiento automatizado? No se preocupe, esta sección lo tiene cubierto. Lo he demostrado en un proceso paso a paso para que pueda lograr lo máximo con su sistema automatizado. Puede llevar algo de tiempo ahora, pero recuerde que el tiempo que dedica al desarrollo de este sistema finalmente le traerá dividendos cada vez que tenga un nuevo prospecto.

Paso 1 – Comience de Nuevo

El primer paso es descartar cualquier correo electrónico o estrategia de seguimiento anterior que tenga porque vamos a crear todo desde cero. De esta manera, puede aportar una nueva perspectiva. Recuerde que puede tener la tentación de hacer cambios en su sistema existente, pero eso solo conducirá a mejoras incrementales menores y no a nada significativo. Por lo tanto, si está buscando un salto importante en sus niveles de rendimiento, entonces es necesario comenzar de nuevo.

Paso 2 – Elija el Destino para el Seguimiento

Este es el siguiente paso más importante y también determinará cómo será su seguimiento. Debe separar los seguimientos en dos categorías. Uno de ellos será para sus prospectos y el otro para sus prospectos. Su cliente no simplemente se acercará a usted. Tienes que hacer que él/ella venga a usted mediante la implementación adecuada de estrategias, fomento de la confianza y educación. Por lo tanto, debe imaginar la experiencia ideal que cree que desean sus prospectos y luego debe escribir una versión resumida de la misma. En primer lugar, comience con la experiencia que desea que tengan sus prospectos y luego escriba la experiencia que desea que tengan como clientes.

No exagere demasiado el proceso y mantenga las descripciones nítidas y cortas. No se excedas con nada. Recuerde que solo elige el destino aquí y no hace el plan. Todo lo que necesita hacer es anotar algunas cosas importantes que aspira a tener como resultado de su seguimiento de marketing. Puede pensarlo como su declaración de misión. Cuando haya escrito todo y esté satisfecho de que esto es exactamente lo que desea que experimenten, es hora de que avance al siguiente paso.

Paso 3 – Averigüe lo que va a Hacer en el Camino a su Destino

Necesita pasar un tiempo en este paso y considerar qué es exactamente lo que quiere que haga su seguimiento por usted. ¿Quiere que aumente sus referencias? ¿O quiere establecer confianza? Hay tantas cosas que puede intentar hacer y algunas de ellas se mencionan a continuación –

- Incrementar el seguimiento de las redes sociales
- Aumentar las visitas repetidas
- Acortar el ciclo de compra
- Reducir los reembolsos
- Crear reseñas y testimonios
- Aumentar la frecuencia de los pedidos
- Convertir a sus clientes en evangelistas
- Posicionarse como el mejor de la industria
- Aumentar el compromiso

- Proporcionar una descripción completa de las opciones de productos disponibles
- Desarrollar una comunidad
- Educarlos en la industria en general
- Aumentar la frecuencia de los pedidos y así sucesivamente.

Este es solo un ejemplo de una lista de deseos. Sus objetivos pueden ser cualquier cosa. No piense en lo que es factible o realista porque eso limitará sus oportunidades. Simplemente escriba todas las ideas que está teniendo. Una vez hecho esto, debe separar los objetivos en partes: preventa, es decir, prospectos y postventa, es decir, el cliente. Luego, organice sus objetivos en orden cronológico.

Paso 4 – Descubra el "Cómo"

Ahora que ha descubierto lo que desea de sus correos electrónicos de seguimiento, es hora de que cree un plan adecuado sobre cómo desea hacerlo. Por ejemplo, si desea aumentar la participación, puede hacerlo incentivando a los seguidores de las redes sociales o escribiendo entradas en el blog. Aquí es donde tienes que hacer una lluvia de ideas sobre varias ideas para alcanzar sus objetivos.

Paso 5 – Junte Todas las Piezas

En este paso, debe reunir todos los datos que tiene. Esto significa que realmente va a diseñar la secuencia ahora. Sí, habrá falsos comienzos y es posible que se sienta perdido también, pero no se rinda. Esto es casi como armar un rompecabezas y tiene que seguir uniendo las piezas hasta que obtenga una imagen más grande. Esto también lo ayudará a consolidar su relación con sus prospectos y clientes. Pero debe recordar que puede guardar los detalles para más adelante, por ejemplo, no tiene que perder el tiempo pensando en sus líneas de asunto ahora. Todo lo que se puede hacer después. Todo lo que tiene que hacer es garabatear todo el proceso, que hasta ahora solo estaba en su mente. Algunos de los objetivos que debe establecer con la ayuda de su secuencia son los siguientes –

- Posicionarse como uno de los principales líderes del mercado
- Cultivar una relación y establecer una base sólida de confianza
- Crear una imagen en la que se te retrate como diferente y único de otros en la industria
- Impartir valor a través de cada palabra del seguimiento
- Comunicar el valor adecuadamente
- Educar al prospecto con todos los detalles necesarios para que llegar a una decisión no parezca difícil

Pero para que su prospecto entienda su mensaje central de marketing, es posible que deba ser un poco repetitivo porque los prospectos a menudo no prestan suficiente atención.

Paso 6 – Haga el Plan

Es hora de que la pelota ruede si está satisfecho con todo el diseño y las ideas que ha creado hasta ahora. Pero hay varias cosas más que puede necesitar hacer y esto incluye crear informes y correos electrónicos gratuitos o hacer un diseño gráfico. Lo que puede hacer es tomar la ayuda de alguna aplicación de gestión de proyectos y todas estas tareas serán más fáciles.

¿Cómo Crear un Sistema de Seguimiento Manual?

Paso 1 – Ordenar las Cosas

Al igual que la estrategia de seguimiento automatizada, debe resolver varias cosas. Por ejemplo, necesita investigar sobre las habilidades de prospecto y luego ver cómo puede darle un buen uso.

Paso 2 – Edificación

Si es la primera vez que estructura una estrategia de seguimiento manual, siempre es bueno contar con la ayuda de un mentor que ya haya pasado por todo esto y esté al tanto de cualquier obstáculo que pueda surgir. Por ejemplo, si realiza el seguimiento manual conociendo al prospecto o al cliente, puede llevar a su mentor con usted para que pueda ayudarlo a aumentar la tasa de conversión. Además, aprenderá al verlo hablar con el prospecto o cliente.

Pero también debe tener algo en mente. Si ha decidido que va a llevar a alguien con usted cuando se encuentre con su prospecto, también debe informarle a su prospecto antes de arrastrar a un completo desconocido allí. También puede solidificar la confianza al mencionar algunos de los logros de su mentor a su prospecto. Si está haciendo todo el proceso en una llamada telefónica, puede hacer una llamada tripartita para que su mentor pueda unirse.

La edificación es el proceso de construir una red de apoyo al resaltar los logros que los miembros de su equipo han adquirido.

Paso 3 – No Olvide lo que Está Vendiendo

Debe recordar que sus prospectos prestan atención a la parte en la que explica cómo puede resolver sus problemas. El resto de las cosas que usted dice, incluido qué tan bueno es el plan de compensación o la calidad de sus productos, generalmente pasan desapercibidas. No debe pensar que las perspectivas solo se centran en el dinero extra porque no lo son. Sí, puede usar el dinero de una manera diferente. Puede indicar las diversas formas en que el dinero puede resolver los problemas de su prospecto.

Paso 4 – Cerrar el Trato

Esta es definitivamente la parte más importante de toda la estrategia de seguimiento. Si está llamando al prospecto, vaya al punto y pregúntele de inmediato de esta manera: "Oye, llamé para saber si tienes tiempo para revisar la información que te di la última vez". Si dicen que la han visto, entonces es hora de que haga la mejor impresión al resaltar todos los aspectos positivos. Pero si dicen que no lo han visto, entonces probablemente sea porque no están muy interesados en su propuesta. Pero incluso entonces, puede darle una última oportunidad haciendo las preguntas correctas y recordando a los prospectos sobre sus puntos débiles y cómo se puede resolver todo eso si se unen a usted. Recuerde que la información es un aspecto muy poderoso de un seguimiento y debe usarla sabiamente.

Saber Cuándo Parar el Seguimiento

¿Su prospecto no le ha estado respondiendo durante bastante tiempo? ¿Usted está confundido acerca de si debe dejar de seguir con ellos o no? Entonces ha venido al lugar correcto porque, en esta sección, discutimos todo sobre cuándo debe dejar de seguir a sus prospectos o clientes. Esto también es algo importante porque definitivamente no desea perder su tiempo en algo que no le dará ningún resultado.

Esta sección no trata sobre cuándo su prospecto no responde durante un par de días. ¡Se trata de cuando su prospecto no le responde en una semana! Bueno, para empezar, si un prospecto no tiene experiencia o es demasiado grosero y se comporta de una manera insultante, entonces definitivamente debe considerar a esa persona en su lista de descalificados y no hacer ningún contacto adicional.

¿Pero qué hay de los demás? Probablemente no pueda marcar a todos los que no respondan como descalificados, ¿verdad? Ahora, el tiempo durante el cual debe hacer un seguimiento con un prospecto depende de muchas cosas. Para empezar, si su prospecto es agudo y tiene una fuerte sensación de que le beneficiaría tenerlo a bordo, definitivamente continúe haciendo un seguimiento por un período de tiempo más largo, incluso si no responde. Esto se debe a que puedes hacer eso por alguien con quien realmente le gustaría trabajar o alguien que definitivamente está hecho para esta industria. Pero si no responden en absoluto, en algún momento, debe detenerse.

Si, por ejemplo, ha enviado 7 a 10 correos electrónicos sin ninguna respuesta, puede ver claramente que su prospecto no está interesado, de lo contrario le habrían enviado al menos una respuesta (afirmativa o no). No, este no es un número fijo. También puede tomar su decisión después de 5 correos electrónicos, ya que depende de usted cuánto tiempo desea dar para buscar una pista, pero 5 deberían ser suficientes para emitir un juicio. Incluso si sus correos electrónicos no reciben respuesta, debe intentar retener la buena voluntad al no ser demasiado molesto.

Si ve que perseguir a los prospectos que no tienen tanto potencial está obstaculizando su tiempo y energía para perseguir a los prospectos que tienen el potencial que está buscando, entonces debe dejar de seguir a los antiguos prospectos de inmediato. Pero si tiene algo de tiempo extra a mano, entonces no hay daño en hacer un esfuerzo adicional porque es usted quien obtendrá los beneficios más adelante.

Otro punto a tener en cuenta es que si su prospecto está haciendo algunas demandas poco realistas, entonces también es un factor decisivo. Por lo general, surgen demandas poco realistas porque el prospecto no conoce el funcionamiento de la industria o no tiene ninguna intención de trabajar con usted en primer lugar.

Capítulo 9: Construyendo una Línea Descendente Efectiva

Cuando patrocina a otras personas a través de su red MLM, esas personas se convierten en su línea descendente. Pero, ¿cuál es su beneficio en todo esto? Obtendrá una cierta porción de los ingresos financieros con la ayuda de las ventas que estas personas, que están alistadas por usted, están haciendo. Pero para que todo esto suceda, primero debe crear una línea descendente efectiva. Puede parecerle fácil ahora, pero se necesita un esfuerzo persistente para encontrar personas motivadas. Entonces, aquí hay 10 consejos que puede seguir para construir una línea descendente efectiva.

Encontrar Perspectivas para su Línea Descendente

Si desea aumentar su cheque de comisión, definitivamente necesita aumentar su equipo y eso comienza con la búsqueda de los prospectos. Ahora se estará preguntando cómo puede encontrarlos. Bueno, así es como puede hacer eso. Lo primero que debe hacer es unirse a algunos grupos locales de mercadeo en red. También debe trabajar para obtener referencias. Para esto, debe maximizar los contactos que tiene y también aprovechar sus relaciones para obtener los mejores resultados. Además de esto, debe aprender cómo puede usar las herramientas a su disposición de la mejor manera posible.

También puede asistir a exposiciones y hacer un stand allí. Pero debe reservar su posición y luego planificar con anticipación para esto. Puede dar muestras y también deslizar sus tarjetas de visita a personas que cree que pueden ser prospectos. Pero lo más importante, mire a las personas que le rodean. Un prospecto puede ser cualquiera. Todo lo que tiene que hacer es hablar con ellos, hacerles las preguntas correctas, responder sus preguntas y hacer que se interesen en este nuevo esfuerzo.

Comprometerse con su Posible Línea Descendente

Su próximo paso es utilizar ciertas estrategias para comprometerse con su posible línea descendente. Para esto, debe estudiar el arte de cómo puede abordar las perspectivas y lo que generalmente funciona mejor. Pero esto no significa que haya un estándar de enfoque. No existe un estándar como tal, pero debe tener en cuenta que no puede dejar que el prospecto se aburra o no puede asustarlos con demasiada jerga. Tiene que hacer que su presentación sea atractiva. No empiece con el concepto de ganar dinero. Primero debe comprender a la persona y luego pensar cómo puede aterrizar el tema de MLM frente a él/ella. Todo esto se ha descrito en detalle en el Capítulo 6.

Pero debe tener en cuenta que si se está acercando a un extraño, primero debe establecer una relación como amigo antes de perder la oportunidad de negocio, pero al mismo tiempo, no arrastre la conversación durante demasiado tiempo antes de revelar su motivo de construir una línea descendente.

Calificar su Línea Descendente para Encontrar los Mejores Miembros del Equipo

También debe tener en cuenta que no todos los prospectos son iguales y, por lo tanto, debe calificar su línea descendente si desea construir un equipo fuerte. Si rechaza su solicitud de encontrar nuevos prospectos públicamente en las redes sociales, podría traerle muchos prospectos, pero la mayoría de ellos no le serán de utilidad. Pero esto no significa que esté desalentando la práctica, ya que las redes sociales también pueden brindarle un par de buenas pistas. Construir una línea descendente de calidad no se trata solo de enviar invitaciones y luego ver quién está interesado. Debe elegir cuidadosamente quién debe acercarse para poder obtener algunas buenas comisiones. Si desea un equipo profundamente arraigado, tres cosas que los miembros deberían tener son educación suficiente sobre la industria, un sentimiento de empoderamiento y el nivel adecuado de compromiso.

Si su línea descendente pierde su entusiasmo rápidamente o no sabe cómo hacer ventas, entonces no le beneficiará de ninguna manera. Tener un equipo así es solo una pérdida de tiempo. Por lo tanto, debe dedicar tiempo a calificar su línea descendente para obtener mejores resultados en el futuro.

La Importancia del Liderazgo Basado en el Servicio

La idea central de ser un líder es mantener y sostener relaciones y dirigir a todos hacia una meta progresiva. El objetivo principal del liderazgo basado en el servicio es liderar a otros con el motivo de prestar servicio a otros. Esto incluye accionistas, empleados y miembros. Este enfoque se fomenta en el caso del mercadeo en red, especialmente porque este negocio consiste en mantener relaciones adecuadas y estables y, con la ayuda de liderazgos basados en servicios, formar relaciones se convierte en un proceso natural.

Cuando se practica este tipo de liderazgo, generalmente hay un flujo abierto de ideas que aumenta los niveles de productividad y, en consecuencia, también las ventas. Otro factor que funciona aquí es que el prestigio no se adquiere por títulos o posiciones, sino por trabajo, contribución y rendimiento. El objetivo común se cumple ya que todos los empleados se concentran en lograrlo. Culpar a otros no tiene importancia y resolver el problema en cuestión obtiene todo el énfasis que debería. Por lo tanto, no se desperdicia energía en el procesamiento de quejas y reclamos. Pero para practicar esto, debe dedicar una cantidad considerable de tiempo a conocer a cada persona en su línea descendente y cumplir con todos los compromisos y promesas que hizo.

"Sea un Líder, No un Jefe"

Que es usted ¿Un jefe o un líder? Esta pregunta es muy importante para preguntarse si desea mantener buenas relaciones con sus prospectos. Si quiere ser un líder, debe alentar a su equipo y enseñarles todas las habilidades necesarias. Pero si solo fomenta las críticas para poder proteger sus propios intereses, entonces usted es solo un jefe. Si es un líder, enfrentará muchos menos desafíos con su línea descendente. Un jefe es una persona que generalmente prefiere estar al margen y no en el campo. Pero si quiere ser un líder, entonces debe estar allí con su equipo liderando y mostrándoles el camino.

Si usted es un líder, entonces su equipo estará empoderado e inspirado y le seguirá con mucho gusto. Pero su misión debería ser algo que todos deberían entender. No debería simplemente darles una lista de tareas sin ningún contexto porque no se sentirán motivados para terminar eso.

Aprenda a Administrar su Tiempo

Debe aprender a administrar su tiempo sabiamente si desea construir una línea descendente efectiva. Esto se debe a que debe dedicar un tiempo para orientar su línea descendente y enseñarles todas las tácticas que ha aprendido a través de su propia experiencia. Una tutoría adecuada ayudará a su línea descendente a realizar más ventas y, en última instancia, obtendrá más comisiones. Tendrá una agenda ocupada si planea iniciar un negocio de mercadeo en red y es por eso que necesita desarrollar tácticas efectivas de gestión del tiempo para manejar todo de manera eficiente.

Tiene que ver en qué áreas pasa la mayor parte de tu tiempo. Haga una lista y luego descubra si su energía y tiempo se están gastando en las áreas equivocadas que no le están dando ningún resultado. Y así es como debe administrar su tiempo para poder construir una línea descendente fuerte.

Manténgase Constante en su Liderazgo

Si no sabe qué le ayuda a mantenerse constante, nunca podrá ser un vendedor de red exitoso. También debe ser coherente con su liderazgo. Si se ha comprometido a hacer algo, planifíquelo y complételo. Deje de posponer las cosas. Una de las razones por las cuales las personas postergan y no se embarcan en una actividad en la que pensaban antes es porque piensan que no son lo suficientemente buenos para ello, lo que significa baja autoestima. Siempre que se encuentre en tal situación, debe recordar que nadie va a hacer su tarea por usted. Tiene que hacerlo usted mismo, por lo que debe levantarte y hacer el trabajo.

Deje de establecer objetivos inalcanzables o poco realistas. Debe establecer metas que pueda alcanzar porque cuando logre estas metas, automáticamente se sentirá motivado para ser más productivo. Todas las mini victorias en su camino hacia su objetivo final aumentarán su confianza en sí mismo y esto exactamente lo convertirá en el líder perfecto que su línea descendente admirará.

Mantenga Abierta las Líneas de Comunicación

Como debe haberlo escuchado miles de veces, la comunicación es la clave del mercadeo en red. Cuanto antes usted entienda esto, mejor. Necesita educar a sus prospectos y escuchar todo lo que tienen que decir o preguntar porque solo entonces puede construir una buena línea descendente. Además, un sentido de pertenencia es lo que todos aman y hay que aprender a darles eso. Todo el mundo quiere sentirse importante y hacerlo también te dará buenas perspectivas. Una de las cosas que debe hacer es revisar su informe de línea descendente de vez en cuando porque eso lo ayudará a reconocer quién está activo y quién no.

Es su tarea comunicarse con todos los miembros semanalmente porque esto los promoverá a ser más activos. Si alguien está patrocinando activamente a nuevos clientes, entonces debe tener eso en cuenta y mantener sus líneas de comunicación abiertas para esa persona en todo momento. Independientemente de los miembros activos e inactivos, siempre debe enviar un mensaje semanal. Estos pueden ser algunos pensamientos para la semana, consejos de capacitación, negocios actualizados o algún concurso que mantendrá la línea descendente funcionando.

Anime a su Línea Descendente a Aprovechar sus Fortalezas

Motivar su línea descendente es muy similar a publicar blogs. Debe ser coherente para que tenga algún impacto. Siempre recuerde, para su línea descendente, usted es la línea ascendente y ellos se inspiran en usted. Entonces, si les dice cómo deben aprovechar sus fortalezas, lo harán. Usted es su mentor e ídolo. Entonces, lo primero que debe hacer es reconocer sus esfuerzos. Se sentirán especiales y más motivados para producir tales resultados de manera consistente. Debe recordar que cada registro en su negocio es digno de una celebración, por lo que cada vez que alguien en su línea descendente traiga a alguien, debe celebrarlo.

Debe señalar las fortalezas de su línea descendente y mostrarles cómo pueden aprovecharla. Para esto, puede llevar a cabo algunos seminarios o reuniones donde puede enseñarles nuevas tácticas cada semana. Debe comprender que todos en su línea descendente tienen algo especial y que es diferente para todos, así que no establezca sus expectativas demasiado altas.

Entrene, Inspire y Motive

Es imperativo que pase tiempo y energía perfeccionando las habilidades de su línea descendente. Es por eso que "entrenar, inspirar y motivar" debería ser su mantra. Puede o no ser fácil para usted, pero de cualquier manera, lo importante es que necesita comprender la importancia de la capacitación. En el momento en que toma la delantera sobre su equipo, sentirá una alegría que es muy gratificante. El éxito de su negocio de mercadeo en red depende completamente del trabajo en equipo y, por lo tanto, debe crear un frenesí de entusiasmo y entusiasmo para mantener a su equipo trabajando.

Nunca olvide que está formando un equipo y que todo esto no se trata de usted sino de otros en su equipo también. Debe apartarse de sí mismo y ayudar a todos en su línea descendente a lograr sus objetivos. Pero sí, inicialmente a las personas en su línea descendente puede resultarles difícil creer que alguien realmente los esté ayudando y no presente ningún clickbait. Por lo tanto, debe mantener la calma y seguir inspirándolos porque llegará un momento en que comprenderán que es un proceso bidireccional y que hacerlos exitosos, a su vez, lo ayudará a lograr su objetivo final.

Capítulo 10: Manejo del Rechazo como un Profesional

Todos tienen una tendencia natural a querer que a otros les gusten, pero esto no sucede en todo momento. A veces, las personas pueden no estar de acuerdo con usted y no hay nada que pueda hacer al respecto. La mayoría de los vendedores en red lo toman como algo personal cada vez que alguien rechaza la idea que ha propuesto. Pero debe tener en cuenta que siempre que quiera tener éxito en algunos negocios, sin importar de qué negocio se trate, se enfrentará al rechazo varias veces. Y por lo tanto, es imperativo que reconozca que el rechazo es solo una parte del negocio. El mundo no llegará a su fin si una perspectiva ha rechazado su propuesta.

Es cierto que nadie se siente realmente cómodo siendo rechazado. Solo se convierten en profesionales en el manejo para que el rechazo no afecte su mentalidad empresarial. Tiene que hacer lo mismo también. Es parte de la fórmula del éxito. Y aquí hay algunos consejos para usted que le darán una idea de cómo puede manejar el rechazo.

Desprenderse del Resultado Incluso Antes de Comenzar

Cuando usted se apega demasiado a su trabajo, definitivamente juega un papel importante en el enmarcado de su identidad y todo esto definitivamente no es algo malo, siempre y cuando sea positivo. Pero cuando usted es demasiado dependiente del resultado emocionalmente y si no logra ese resultado de alguna manera, entonces todo su enfoque podría romperse. Por lo tanto, para evitar que eso suceda, debe separarse del resultado antes de comenzar. Esto lo llevará a través de su viaje de mercadeo en red.

Puede o no lograr todos los objetivos que había establecido previamente y no hay nada de malo en eso. No debe pensar en sí mismo como un fracaso total solo porque no pudo alcanzar sus objetivos, pero eso es lo que hace la mayoría de la gente. Pero también debe saber que la mayoría de las personas que han tenido éxito en el mundo del mercadeo en red han perdido sus objetivos muchas veces más de lo que los han logrado. Pero nunca se rindieron. Aprendieron de los errores que cometieron y se les ocurrió un plan mejor y eso es exactamente lo que debe hacer.

Cuando se separe de los resultados, se sentirá seguro. Dejará de sentir la necesidad de controlar todo. A veces, las cosas simplemente no están bajo su control. Entonces, debe mantener su fe en sus habilidades y seguir dando lo mejor de sí mismo. Al final, las cosas encajarán e incluso si no lo hacen, sabrá que al menos lo intentó. Pero todo esto no significa que no deba tener expectativas y sueños. Debe tenerlos, pero también debe saber que el fracaso puede llegar a usted y es natural.

Considere Preguntar Por Qué Rechazaron su Oferta

Debe tratar cada rechazo en su carrera en mercadeo en red como una experiencia de aprendizaje. Estas experiencias son las que lo ayudarán en el futuro a tomar mejores decisiones. Pero para eso, el primer paso es pedir una aclaración de por qué el prospecto rechazó su oferta. Esto le dará una razón clara sobre cómo el prospecto está viendo su oferta y por qué pensaron que no era suficiente. En este paso, debe averiguar por qué fue rechazado en primer lugar para poder tomar los pasos necesarios en consecuencia.

Una de las formas más comunes de preguntar es directamente: "Si no te importa, ¿puedes explicar por qué dijiste que no?" No hay nada de malo en preguntar esto. También podría preguntar qué podría haber hecho si no fuera eso. Otra cosa que puede preguntar a sus prospectos es dónde creen que puede mejorar. Cuando reciba las respuestas a estas preguntas, debe tenerlas en cuenta. Esto servirá como una forma extremadamente valiosa de retroalimentación para usted. De hecho, puede hacer más preguntas si lo desea. Las tres preguntas que he mencionado aquí no son las únicas que puede hacer.

Hacer estas preguntas es necesario porque le darán más claridad y mayor claridad, más información tendrá que avanzar en el futuro. Incluso puede aprender un nuevo ángulo o algo nuevo a partir de la retroalimentación dada por el prospecto, especialmente si es solo un principiante. Por lo tanto, preguntar por qué lo rechazaron podría darle un conocimiento que ni siquiera sabía. Además, alguien que acaba de rechazarle será brutalmente honesto con usted, a diferencia de otros que podrían estar endulzando cosas.

Absténgase de Invertir su Emoción en Ello

Cuando pasa la mayor parte de su día construyendo algo, el rechazo definitivamente golpea duro y es bastante difícil no apegarse a algo que ha estado haciendo con tanto amor y pasión. Pero sus prospectos no siempre verán todo esto desde sus ojos y siempre tendrán sus propias opiniones que pueden ser duras. Inmediatamente pueden rechazar lo que ha construido y propuesto. Y esto no solo le está sucediendo a usted, sino que también le sucede a los mejores.

¿Sabe cuál es la clave para manejar el rechazo como un profesional? Está dominando el arte de abstenerse de invertir sus emociones en su trabajo. Debe mantener la mente abierta y ver el rechazo como una oportunidad. Durante este rechazo, se le presentarán varias ideas nuevas que puede incorporar solo si sabe cómo aceptar el rechazo. También debe comprender que la perfección está sobrevalorada. Intente rendir al máximo en lo que sea que haga en lugar de perseguir el perfeccionismo. La gente a menudo trata de evadir la desaprobación con el pretexto de ser un perfeccionista.

Nunca te confunda entre el rechazo y la autoestima, aunque la gente tiende a hacer esto. Cuando alguien rechaza su propuesta, ¿empieza a pensar que de alguna manera se ha rechazado como persona? Ese es el tipo de pensamiento que necesita cambiar. Nunca piense que la opinión de alguien sobre su proyecto es una opinión que están infligiendo después de verle. Las personas a menudo enfrentan una caída repentina en sus niveles de emoción positiva solo porque alguien ha rechazado su propuesta. Pero cuando deja de invertir sus emociones en algo, no enfrentará estos episodios de negatividad cada vez que se enfrentes al rechazo.

No Mire el Rechazo como un Medio para un Fin

¿Se destroza por completo cuando te enfrenta al rechazo? Entonces debe comenzar a verlo de manera diferente porque su mentalidad está causando todos los problemas en su vida. Algunas personas piensan que cuando son rechazadas, no tienen ningún valor y que siempre toman malas decisiones o que son estúpidas. Pero si considera que el rechazo es algo así, entonces así es como afectará su vida. En el momento en que comience a sacar las cosas positivas del rechazo, mejor se sentirá.

Si va a estar en el mercadeo en red a largo plazo y si se toma en serio que va a hacer esto de la manera correcta, entonces necesita aclarar una cosa: el rechazo es solo un tipo de mecanismo de clasificación. Es una segregación que hacen los prospectos para ver quién está listo y quién no. No significa un final. Simplemente significa que usted tiene que corregir sus defectos y esforzarse más. Pero si se deprime y comienza a pensar que no está funcionando para usted, nunca podrá lograr el éxito en el mundo del mercadeo en red. Debe entender que no todo se trata de usted, así que no lo enmarque para que sea algo así.

También debe comprender el hecho de que no puede dejar de hacer algo solo porque se enfrentó al rechazo. Mientras más gente hable con usted, más experiencia obtendrá. Y en el mercadeo en red, cuanto más experiencia tenga, mejor será su desempeño. Por lo tanto, si lo piensa con la mente tranquila, comprenderá la cantidad de "No" que está obteniendo en realidad lo está ayudando a alcanzar ese "Sí" definitivo.

Manejar el Rechazo con Equilibrio, Gracia e Integridad

Si desea aceptar el rechazo con gracia, lo primero que debe hacer es aceptarlo. La primera respuesta que tienen la mayoría de los vendedores es que intentan negar su rechazo por completo. Algunas personas incluso podrían tratar de lanzar el rechazo a otra persona. Así no es como se hace. No debe permitirse la autocompasión ni culpar a otros por su rechazo porque eso no es elegante y, sobre todo, eso no es correcto.

Una de las primeras cosas que debe mantener como un buen vendedor de la red es su integridad y, para hacerlo, debe aceptar gentilmente el hecho de que ha sido rechazado y debe hacerlo con la dignidad adecuada. No debe perder el tiempo pensando en el hecho de si el rechazo estaba justificado o no porque ese no es su trabajo. Lo que debe hacer es aprender del rechazo y seguir adelante. Esta es la única forma en que puede avanzar y aprender de sus acciones pasadas.

También necesita mantener la tranquilidad y la calma. Necesita mantenerse recogido y compuesto. No puede responder de manera irracional, hiriente o negativa porque eso va a arruinar su reputación como vendedor de la red. Cuando da una respuesta negativa a un rechazo, lo más probable es que las posibilidades de un buen resultado en el futuro sean aún más escasas. Mientras más calma permanezca, más control tendrá sobre la situación en cuestión. Todo esto mejorará sus niveles de autoconfianza, confianza y, en consecuencia, lo empujará hacia adelante.

Asegúrese de Respetarte a Sí Mismo

Necesita mantener su ánimo incluso si fue rechazado. No puede permitirse el lujo de entrar en un ciclo de autodesprecio porque eso es exactamente lo que provocará su caída. Siempre debe respetarse a sí mismo porque está haciendo lo mejor que puede. Entonces, ¿cuál es la solución? La mejor manera de mostrarte respeto a sí mismo sería entablar un diálogo interno. La respuesta natural que tiene la mayoría de las personas es que simplemente quieren criticarse a sí mismas por todo lo que sucedió, pero eso no los llevará a ninguna parte.

No caiga en la trampa de culparse y faltarle el respeto o golpearse solo porque se enfrentó a un rechazo. Nunca es útil comportarse de esta manera. Lo que debe hacer es comenzar a involucrarse en una forma de pensar que le brindará soluciones en lugar de empujarlo a un ciclo de negatividad. Debe trabajar para ajustar su enfoque la próxima vez que visite a un prospecto y luego ver qué diferencia hace en su negocio. También puede intentar ver toda la situación desde una perspectiva en tercera persona. No haga suposiciones ni piense en todas las cosas que le habría dicho a un amigo si se hubiera enfrentado al rechazo en su negocio.

Es cierto que cuando es rechazado, su cerebro le pedirá que pase mucho tiempo buscando respuestas a sus preguntas. Pero no piense demasiado o no pase demasiado tiempo en algo que no le dará ningún resultado fructífero. Todos los consejos que se han mencionado en este capítulo son de mi propia experiencia y espero que también lo ayuden. No se puede hacer algo similar cada vez y sin embargo querer ver un resultado diferente cada vez. Por lo tanto, debe aplicar diferentes estrategias y ver qué se aplica a usted y qué no. Lluvia de ideas para encontrar ideas nuevas y creativas todos los días. Arriésguese todos los días y presente sus ideas a nuevos prospectos porque así es como dominará el arte de manejar el rechazo.

Capítulo 11: ¿Por Qué Algunas Personas No Ganan Dinero?

¿Usted es alguien que se pregunta por qué no está ganando suficiente dinero con el mercadeo en red? Bueno, entonces ha venido al lugar correcto porque hoy vamos a discutir lo mismo. Hay una gama bastante alta de tasas de fracaso en esta industria y esta falla depende de una variedad de factores. Entonces, este capítulo le dará una idea de los errores que cometen las personas y cómo obstaculiza sus negocios. Una vez que conozca los errores, debe intentar evitarlos a toda costa.

No Tienen Suficiente Enfoque

¿Le apasiona lo que está haciendo? ¿Realmente ama el mercadeo en red o simplemente usted se unió porque vió a otros haciéndolo? La falta de enfoque generalmente está presente porque las personas no son conscientes de lo que quieren y, por lo tanto, terminan haciendo casi cualquier cosa que ven y encuentran emocionante. La respuesta habitual que verá las personas dando es que quieren ganar más dinero y es por eso que comenzaron el mercadeo en red. Sí, ser rico y obtener un ingreso extra es definitivamente una de las razones por las cuales las personas se unen al mercadeo en red, pero esa no es la única cosa que debería impulsarlo. Debe tener su propia voluntad, de lo contrario, su enfoque siempre estará en otro lugar.

En primer lugar, siempre debe recordarse por qué comenzó con el mercadeo en red. Todos tienen sus propias razones, pero recordarlas de vez en cuando le ayudará a mantenerse en el camino correcto. Habrá varias distracciones en el camino, pero no puede permitirse el lujo de desviarse si desea llegar a la cima de la escalera.

No Tienen las Habilidades de Marketing Adecuadas

Necesita desarrollar sus habilidades de marketing. No surgirán de la nada. Tienes que seguir practicando todos los días con sus prospectos. ¿Cree usted que el mejor café del mundo está disponible en Starbucks? ¡Por supuesto que no! Pero entonces, ¿por qué la gente está tan loca por ellos? Porque tienen una excelente estrategia de marketing que les ha ayudado a construir su marca y los ha colocado en el peldaño más alto de la escalera. Lo mismo se aplica a usted también. Si no domina las habilidades necesarias para el mercadeo en red, no puede esperar los resultados con los que sueña.

Si recién está comenzando, debería consultar algunos ejemplos de marketing que la gente ha seguido y que han obtenido buenos resultados. Cuando es un principiante, no es aconsejable inventar una estrategia desde cero porque no tiene la experiencia para hacerlo. Por lo tanto, seguir un plan que ya ha demostrado ser efectivo ayudará a aumentar su confianza. También debe asistir a eventos y otros seminarios donde puede obtener acceso al mejor conocimiento del mercado en términos de las últimas estrategias.

Carecen de Habilidades de Liderazgo

Usted debe ser un líder fuerte si quiere ser un profesional de mercadeo en red. Algunas personas no entienden esto y terminan sin ganar dinero. Cuando esté prospectando en una etapa temprana de su carrera, no tenga la mentalidad de que no tiene que trabajar en sus habilidades de liderazgo solo porque no tiene a nadie para ser un líder en este momento. Esto no es verdad. Sus cualidades de liderazgo deben ser visibles desde el primer día. Estas cualidades lo ayudarán a atraer los prospectos correctos.

Una de las cosas en las que tiene que trabajar si quiere ser un buen líder es que necesita tener una visión sólida. ¿Cuáles son los objetivos en su vida? Cuando está imaginando algo, sus objetivos y su visión deben estar en la alineación adecuada porque solo así puede sentirte motivado para ser un líder para los demás. También debe poseer la calidad necesaria para articular su visión. Necesita ser un excelente narrador de historias. Practique esto con alguien que conozca antes de decirle eso a un prospecto. También debe dar un ejemplo a su línea descendente si desea liderarlos correctamente. Es por eso que debes ser un excelente vendedor.

No Tenían Suficiente Preparación

Esta es otra de las principales razones por las cuales las personas no pueden lograr el éxito que soñaron. Los principiantes a menudo no tienen la preparación suficiente para caminar en el camino del mercadeo en red. Cuando las personas llegan a conocer el mercadeo en red, solo piensan en comenzar. Están tan emocionados que no les importa ninguna forma de capacitación o conocimiento en este campo antes de simplemente saltar. Pero lo que no entienden es que el MLM involucra muchas cosas de las que simplemente no son conscientes.

Si desea sobresalir en el negocio del mercadeo en red, es muy importante dedicar suficiente tiempo a la capacitación. Sí, usted me ha escuchado bien. Debe aprender cómo puede ejecutar un negocio en casa y también debe conocer otros aspectos del sistema en sí. Por ejemplo, si va a hablar con un prospecto por primera vez, debe comprender todas las cosas que tiene que decir y también debe saber las cosas que tiene que decir. Las personas siguen quejándose de que no están ganando con el mercadeo en red, pero de lo que no se dan cuenta es que, en primer lugar, no tenían suficiente conocimiento para ganar dinero. Debe estar listo para dedicar su tiempo a aprender primero y luego ejecutarlo en el campo real.

Están Gastando Demasiado Tiempo en las Actividades Equivocadas

Tengo gente quejándose de que el mercadeo en red no les está trayendo el dinero que les prometieron antes. Pero, ¿ha tomado algo de tiempo de su horario diario para hacer algo al respecto? La mayoría de las veces, esta respuesta es no. Las personas no están listas para poner el esfuerzo, pero quieren cosechar los resultados. ¿Cómo puede esperar que esto suceda? Si alguna actividad en la que pasa tiempo todos los días no contribuye a nada relacionado con sus ingresos, entonces pasar tiempo en esa actividad es un desperdicio total.

Un ejemplo de una actividad que no genera ingresos es desplazarse por Facebook sin cesar. Esta es una de las cosas más adictivas, pero también debe recordar que pasar el tiempo en redes sociales con fines comerciales es diferente, pero hacerlo solo por pasar el tiempo hará que su empresa caiga. Por otro lado, si pasa más tiempo hablando con otros que han estado aquí antes que usted o si comienza a hacer un cuestionario para sus prospectos, entonces está haciendo algo que es productivo. Necesita dividir su día sabiamente. Prométase que va a pasar el 20% de su tiempo en su propio tiempo libre y el 80% del tiempo en actividades que te traerán ingresos.

No Consiguieron un Buen Mentor

Como ya he mencionado esto antes, lo digo nuevamente, un buen mentor puede ayudarle de varias maneras si está comenzando el mercadeo en red. Su mentor puede ser alguien que forme parte de su línea ascendente. Cuando atraviese tiempos difíciles, su mentor es el que le ayudará a navegar en esos momentos. Él/ella lo ayudará a hacer los ajustes necesarios. Pero también debe elegir a su mentor después de pensarlo bien. No debe elegir a alguien simplemente porque se siente cómodo con él. Su mentor debe tener una historia de éxito en su carrera en mercadeo en red también.

También debería ver otras cosas, por ejemplo, si enfrenta algunos obstáculos importantes, entonces debe encontrar un mentor que haya enfrentado los mismos obstáculos porque esto garantizará que obtenga el consejo correcto. Dado que un mentor es una persona de la que va a buscar comentarios valiosos, asegúrese de que su mentor esté realmente interesado en verlo triunfar. Un mal mentor definitivamente puede conducir a la caída de su negocio.

No Tenían Habilidades de Buena Gente

El mercadeo en red se trata de interactuar con otros y, por lo tanto, también debe repasar las habilidades de su gente. Debe tener confianza cuando habla y debe ser el que lidere la conversación. Incluso si su perspectiva es alguien que es bastante inteligente, nunca debe sentirse intimidado. Sus habilidades con las personas son algo que determina si podrá cerrar el trato o no. El primer lugar donde las habilidades de tu gente serán testículos es la primera vez que conoce a un prospecto porque ahí es donde necesita comunicar sus ideas de la mejor manera posible para que su prospecto esté convencido de decir que sí.

Si está pensando que desarrollar las habilidades de su gente es algo que le llevará para siempre o será demasiado difícil, entonces está equivocado. Todo lo que necesita hacer es aceptar que no es perfecto y que necesita trabajar para mejorar sus habilidades y la mitad de la tarea ya estará hecha. El primer paso es escuchar con intención y luego hablar. Debe tener un interés genuino en la persona con la que está hablando. Solo entonces esa persona sentirá que usted quiere que hagan el bien y es por eso que les está sugiriendo algo que le ayudará a obtener ganancias.

No Salieron de su Zona de Confort

Si usted solo es un principiante en el mercadeo en red, entonces salir de su zona de confort es algo que definitivamente tendrá que hacer. Tendrá que aprender cosas que probablemente no escuchó antes y luego también debe dominar esas habilidades. Como todo lo que hace por primera vez, subir la escalera del éxito en MLM también requerirá que salga de su zona de confort. Esto definitivamente puede ser difícil y desafiante, pero también es algo que diferencia entre el fracaso y el éxito. Si desea crecer, tanto financiera como personalmente, es imprescindible aprender a salir de su zona de confort.

Salir de su zona de confort significa perseguir aquellas cosas que lo hacen sentir incómodo o no, pero que también son importantes para su éxito. Pero cuando haya hecho esas cosas, la próxima vez será mucho más fácil. Esto se debe a que los límites de su zona de confort ahora han aumentado. En el momento en que sale de su zona de confort, está dando un paso hacia su éxito.

Estaban Demasiado Preocupados por Ellos Mismos

Sí, debe preocuparse por cómo le va, pero su negocio de mercadeo en red no solo se trata de usted. También involucra a otros. Si desea alcanzar sus metas y hacer realidad sus sueños, también debe aprender a ayudar a otros en su equipo a alcanzar sus metas. Debe quitarse los ojos de encima, pero no sus objetivos. Necesita tener una cosa en mente. Cuando está ayudando a las personas en su línea descendente, en realidad se está ayudando a si mismo. Esto se debe a que cuando los entrena para atraer más prospectos, aumentará sus comisiones.

Dejan que las Influencias Negativas les Afecten

Otra razón común por la cual las personas fracasan en su esfuerzo de mercadeo en red es porque dejan que las influencias negativas nublen sus mentes. Si alguien en su círculo, ya sea su familia o sus asociados, tiene alguna influencia negativa sobre usted, entonces debe lidiar con eso antes de que lo arruine por completo. Debe tratar de distanciarse de todos esos tipos de negatividad en su vida. Una parte muy importante de tener éxito es mantener la actitud positiva que tiene hacia la vida. Pero cada vez que se exponga a personas negativas, lo negativo engendrará negativo. Pero no estoy diciendo que no los volverá a ver nunca más. Puede encontrarse con ellos solo cuando sea necesario y no en otros lugares.

Conclusión

¡Gracias por llegar hasta el final de *Red y Marketing Multi-Nivel Pro¡La Mejor Guía de Redes/Mercadeo Multi-Nivel para Construir un Negocio Exitoso de MLM en los Medios Sociales con Facebook! ¡Aprende los Secretos que los Líderes Usan Hoy en Día!* Esperemos que sea informativo y que pueda proporcionarle todas las herramientas que necesita para alcanzar sus objetivos, sean los que sean.

Si desea tener éxito en una empresa, debe ser persistente y centrado, y lo mismo ocurre con el mercadeo en red. Este libro trata todos los aspectos básicos que necesita saber sobre el MLM y he tratado de hacerlo exhaustivo para que leer este libro le brinde una idea general sobre lo que se avecina. Debe practicar la perseverancia y también debe mantener una actitud adecuada hacia su negocio por encima de todo lo demás. También necesita tener una mentalidad de aprendizaje porque sin eso nunca podrá lograr el éxito.

Tiene que impulsar sus esfuerzos con su sueño o su objetivo final. Si no tiene la cantidad adecuada de motivación, superar todas las barreras y luchas que se presenten puede ser difícil. Cada capítulo de este libro tiene como objetivo abordar las cosas comunes que enfrenta un principiante en el mundo del mercadeo en red. Traté de responder todas las preguntas que podrían surgir en su mente. Dado que este es un negocio de persona a persona, trabajar en tener la actitud correcta debería ser su primera prioridad. Tenga confianza y siempre crea que puede hacerlo.

Finalmente, si encuentra este libro útil de alguna manera, ¡siempre se agradece una crítica honesta!